삼국유사의 전설을 찾아 떠나는 신라 석탑 기행

마파두부의
맛 깔 난
역사 기행 ❶

마파두부의 맛깔난 역사 기행 1

발행일	2020년 2월 5일			
엮은이	사단법인 부산교육연구소			
펴낸이	손형국			
펴낸곳	(주)북랩			
편집인	선일영	편집	강대건, 최예은, 최승헌, 김경무, 이예지	
디자인	이현수, 김민하, 한수희, 김윤주, 허지혜	제작	박기성, 황동현, 구성우, 장홍석	
마케팅	김회란, 박진관, 조하라, 장은별			
출판등록	2004. 12. 1(제2012-000051호)			
주소	서울특별시 금천구 가산디지털 1로 168, 우림라이온스밸리 B동 B113~114호, C동 B101호			
홈페이지	www.book.co.kr			
전화번호	(02)2026-5777	팩스	(02)2026-5747	
ISBN	979-11-6539-016-7 04910 (종이책)		979-11-6539-017-4 05910 (전자책)	
	979-11-6539-049-5 04910 (세트)			

이 도서의 국립중앙도서관 출판예정도서목록(CIP)은 서지정보유통지원시스템 홈페이지(http://seoji.nl.go.kr)와 국가자료공동목록시스템(http://www.nl.go.kr/kolisnet)에서 이용하실 수 있습니다. (CIP제어번호: CIP2020001637)

(주)북랩 성공출판의 파트너

북랩 홈페이지와 패밀리 사이트에서 다양한 출판 솔루션을 만나 보세요!

홈페이지 book.co.kr · **블로그** blog.naver.com/essaybook · **출판문의** book@book.co.kr

삼국유사의 전설을 찾아 떠나는 신라 석탑 기행

마파두부의

맛 깔 난
역사 기행 ①

사단법인 부산교육연구소 엮음

비바람에 벚꽃 지던 봄날 저녁,

산사에서 들려오던 법고 소리에 취해 역사 교사가 된 '마파두부' 정옥승 선생.
그의 해박한 역사해설을 들으며 천년고도 경주로 떠나 보자.

북랩 book Lab

여는 글

부산교육연구소를 오랫동안 믿고 지지해 주신 회원님들을 위해 올해는 회원님들 누구나 부담 없이 참여할 수 있는 사업을 하자는 이사님들의 의견을 모아 스스로 위로가 되면서 학급 운영이나 자녀교육에도 도움이 될 수 있는 프로그램들을 중점적으로 실천해 보았습니다.

그중 하나가 '신라 석탑 기행'이었습니다. '삼국유사의 전설을 통해 찾아가는 신라 역사 알아보기'라는 주제를 갖고 봄, 여름, 가을, 겨울 4회로 진행하기로 하였고, 현재는 겨울 기행까지 마쳤습니다. 진행하시는 강사님은 마파두부로 알려진 정옥승 부소장님인데 우리 연구소뿐만 아니라 여러 곳에서도 역사 기행을 오랫동안 해 오신 베테랑 해설사이십니다. 봄, 여름은 석탑을 중심으로, 가을, 겨울은 고분 중심으로 답사를 하며 역사를 이야기하였으나, 이번 책은 봄·여름 기행을 통한 석탑 이야기로만 되어 있습니다.

저도 빠지지 않고 따라나섰습니다. 언제 어떤 날씨에 가도 좋은 경주! 볕 좋은 날은 좋은 날대로, 비가 오는 날은 비가 오는 대로 좋았습니다. 특히 비가 오는 날은 안개가 끼고 사람이 많이 없어 고즈넉해서 좋았고, 비가 와도 비를 맞지 않는 석불을 볼 수 있어서 다행이었습니다. 이번 기행을 통해 강사님의 해박한 지식과 열정, 뛰어난 유머 감각을 통해 들려주신 내용들이 귀에 속속 들어와 머리에 각인되는 놀라움과 마음 깊숙이 파고들어 오는 감동은 물론이고, 답사 후 뒤풀이에서 나오는 소감들이 보석 같아서 그냥 듣고 흘러버리기에는 너무 아깝다는 생각이 들었습니다. 그리고 참가한 사람들이 이구동성으로 "한 번 와 보면 두 번 안 올 수 없는 기행"이라고 말하는 감동을 글로 전하고 싶어 이 책을 내게 되었습니다. 기행의 감흥을 그대로 전할 수는 없어도 가 봐야겠다는 동기를 드리고자 시작했습니다.

이 책은 마파두부의 경주 신라 석탑 기행 해설 내용을 현장 녹취하여 기록으로 재구성하였습니다. 해제에는 석탑 기행에 관한 독자의 이해를 돕기 위해서 구성했습니다. 석탑 기행을 준비하고 이끈 정옥승 선생의 '왜 경주 기행인가'와 '지역사회 문화재와 일상생활 문화유산인가'라는 이미식 교수의 글과 석탑 기행 참여자들의 소감을 실었습니다. 또한 기행에 참여한 류지은, 정영순, 최강주 님 등의 사진을 곁들여 현장감을 높게 하였습니다.

책 출판과 편집에 도움을 주신 분들, 사무적인 일들을 진행해 주신 이현진 사무국장님, 석탑 기행 중 사회를 맡아서 후기담을 슬슬 풀어내게 해 주신 인문상담교육학회 회장 최강주님과, 송철호, 류지은 문익권, 안현미님 등 부산교육대학교 인문교육전공 재학생 및 인문상담교육학회 회원님들, 박소현, 김하은 학생, 신재영, 김은진 선생께도 감사드립니다. 그리고 맛깔나는 이야기를 들려주신 정옥승 부소장님과 이를 맛있게 버무려주신 이미식 소장님께도 감사드립니다. 끝으로, 이 책이 회원 여러분들께 도움이 되고 잘 활용되기를 바랍니다.

2020년 1월 20일

부산교육연구소 박희옥 드림

차
례

1부

봄에 만난 석탑

봄입니다.

기행은 마음과 몸이 만나는 설렘의 행위입니다. 봄을 느끼는 순간 경주 기행을 떠났습니다. 떠나는 순간 세상이 열리는 경험을 했습니다. 학생들, 교사들, 기행을 떠난 사람은 경주가 주는 선물을 온몸으로 받았습니다.

본 장의 내용은 봄의 세계에서 만난 신라 석탑에 관한 역사 기행을 한 기록입니다. 신라 석탑 봄 기행 장소는 황룡사지, 분황사, 이견대 및 감은사의 석탑입니다. 기행의 전 과정은 기행을 준비하는 과정, 기행에 참여하는 과정, 기행 후 경험을 공유하는 과정이 있었습니다.

봄에 만난 석탑과 여름에 만난 석탑 내용 구성은 경주의 신라 역사 기행은 안내자인 마파두부와 참여자들의 참여 관찰 기록이라고 할 수 있습니다. 기록 방식은 마파두부님과 참여자들 사이에 있었던 대화를 중심으로 기록하였습니다. 대화에서 부족한 내용은 탈고 이후 마파두부님이 각고의 노력을 통해 수정 및 보완했습니다.

참여 관찰한 기행 기록을 이야기 형식으로 편집한 것은 독자들이 기행에 직접 참여하는 경험을 했으면 하는 의도였습니다. 특히 글을 읽는 재미와 현장감, 정서적인 치유를 경험하는 장치를 마련하려는 의도도 있었습니다. 글을 몸과 마음으로 상상하면서 읽으시면, 경주 신라 석탑 앞에 선 모습이 떠오를 수 있습니다.

광활한 황룡사지

2019년 봄, 그동안 한반도를 괴롭히던 미세먼지가 오랜만에 말끔하게 씻겨나간 봄날의 맑디맑은 하늘은 부산교육연구소가 기획한 역사 기행의 밝은 미래를 예견하는 듯하였다. 약속 장소인 부산 지하철 1호선 동래역 4번 출구 부근에서 대기하고 있던 전세 버스에 올라 드디어 시대를 거슬러 올라가는 여행지인 경주로 다소 설레는 마음을 안고 출발하였다. 봄과 여름은 석탑을 중심으로 삼국유사의 전설과 함께 신라 역사의 흥망성쇠를 더듬어 본다는 일정이라 백화점식의 일반적인 기행이 아닌 일관된 주제를 가지고 진행되는 부산교육연구소의 수준 높고 야심 찬 연속 기획으로 진행되었다. 달리는 차 안에서 참가자들끼리 간단한 통성명이 이루어지고 오늘 역사 기행 일정에 관한 간략한 이야기를 인솔강사로부터 들으며 살포시 졸다 보니 어느덧 차는 경주 톨게이트를 통과하여 천년고도 경주로 접어들었다.

기행의 첫 목적지는 광활한 벌판에 주춧돌만 외로이 남아있는 '황룡사지'였다. 한국인이라면 가보지는 못했어도 어디선가 들어

본 적은 있는 황룡사. 우선 황룡사지는 보이는 공간의 규모로 사람들을 압도했다. 도심에서 익숙하게 보던 어지럽고 지긋지긋한 전봇대 하나 없이 시원한 눈 맛을 느낄 수 있는 탁 트인 벌판에 서서 인솔자의 설명으로 역사 기행의 일정이 시작되었다.

지금부터는 '마파두부 정옥승 강사님'의 말을 기록하여 시작합니다.

삼국유사의 기록이 정확하다고 가정하면 경주에 거의 백만의 인구가 살았다는 이야기가 있습니다. 그렇다면, 과거엔 여기에 전부 집들이 있었다는 이야기입니다. 지금은 허허벌판이지만 신라가 잘 나갈 때는 경주가 천 년 동안 신라의 수도였기 때문에 이곳은 집들로 빼곡하고 절들도 많았다고 일컬어지고 있어요. 저쪽에도 보

황룡사 남쪽 입구에서 경주의 지형에 관한 설명을 듣는 일행. 여기서부터 기행이 시작되었다.

면 절터들이 있어요. '미탄사지'라든지 몇 개의 절들이 있었어요. 삼국유사에 뭐라고 되어 있냐면, '서라벌엔 절이 별처럼 많고 탑이 기러기처럼 줄지어 있다'는 시적인 표현이 있습니다. 그 정도로 불국토를 이뤘던 게 경주인데, 그중에서 가장 핵심 되는 게 바로 이 '황룡사'거든요.

답사에 앞서 우리는 경주의 지형을 좀 알아야 합니다. 흔히 우리가 하는 말 가운데 나무는 보는데 숲은 못 본다. 또 숲은 보는데 나무는 못 본다고 하는 이야기가 있죠. 이게 시사하는 바가 큽니다. 둘 다 봐야 해요. 멀리서도 봐야 하고, 들어가서도 봐야 하고…. 언젠가 등산하다가 느낀 게 있어요. 눈이 내렸을 때인데, 산에서 내려오다가 뒤를 봤는데 뒤로 보는 모습이 더 예쁜 거예요. 우리는 늘 이렇게 앞만 보고 가잖아요. 뒤로 돌아보고 나서야 사물을 바라보는 시각이 좀 달라졌는데. 여기서도 그런 공간 개념이 있어야 합니다.

여러분이 서 있는 뒤쪽을 보세요. 산이 하나 보이죠? 저 산이 그 유명한 경주 남산입니다. 한국에서 제일 유명한 남산은 서울에 있는 남산이잖아요. 저게 왜 남산이냐면 경주의 남쪽에 있기 때문입니다. 경주의 지형을 보면 참으로 기가 막힙니다. 사방을 전부 산들이 둘러싸고 있잖아요. 산들이 둘러싸고 있는 안쪽이 중심지라고 보면 됩니다. 아까도 말했지만 지금은 벌판이지만 옛날에는 여기에 집들이 빼곡히 있었다고 생각하면 됩니다.

자, 그럼 저쪽을 한번 볼까요? 서쪽으로 해가 지거든요. 저기에 있는 산이 '선도산'이라고 하는 경주의 서쪽에 있는 산인데, 아까 우리가 차를 타고 경주 톨 게이트로 들어올 때 왼쪽으로 널리 보이던 산이 바로 저 산입니다.

반대편은 동쪽이죠? 저 동쪽 산은 그다지 높지는 않고 평평한데 그 산에 '명활산성'이 있습니다. 명활산에 있는 명활산성. 그 명활산 뒤쪽에 높은 산이 보입니까? 저게 바로 토함산입니다. 토함산을 넘어가면 뭐가 있을까요? 동해가 나오죠. 그러니까 경주의 동쪽을 지키는 명활산, 남쪽의 남산, 서쪽의 선도산이 경주를 둘러싸고 있습니다. 그리고 여기 북쪽에도 산이 있지요. 이 이름은 절대 안 까먹을 겁니다. 바로 금강산입니다. 그냥 금강산은 아니고 작은 금강산인 '소금강산'입니다.

황룡사 목탑지에서 바라본 경주 남산의 모습

경주는 또 하천으로도 둘러싸여 있습니다. 바로 저 남산 앞에 보이는 숲이 반월성인데, '남천'이라는 하천이 반월성 바로 앞쪽으로 흘러가요. 그러니까 경주의 남쪽은 남천이 막고 있죠.

뒤를 돌아보면 북쪽에도 하천이 있습니다. 저기 숲이 보이고 탑 같은 게 보이죠? 저게 바로 분황사입니다. 그 분황사 뒤쪽에 아파트 있죠? 아파트와 분황사 사이에도 하천이 흘러가고 있어요. 북쪽을 가로지르는 하천인 '북천'이죠. 남천, 북천 외우기 쉽죠?

그다음에 서쪽에도 '형산강'이라고 부르는 서천이 가로지르고 있습니다. 그러니까 강이 자연적으로 방어 기능을 하는 겁니다. 신라의 수도는 지형이 딱 좋아요. 그 안에 있는 평지에 터전을 잡고 있는 황금의 땅, 그게 바로 서라벌이라는 곳입니다. 여기가 바로 천 년 동안 수도였죠. 신라 천년의 수도입니다. 그래서 '천년고도'라고 부르죠.

그러니까 경주는 동서남북 사방이 산과 강으로 방어가 되며 그 안에는 평지가 이루어져 있는 터전으로 수도로서의 지리적 이점이 탁월하다는 설명이었다. 지금껏 여행을 가면 공간적인 관념은 전혀 머릿속에 없고 보는 사물 하나하나에만 집중하는 경향이 있었으나 이렇게 공간에 관한 개념이 어느 정도 정립이 되니 좀 더 명확하게 머릿속이 정리되는 느낌이 들었다.

경주의 지리적 특징에 관한 설명이 끝나자 본격적으로 그 이름도 거창한 황룡사에 관한 이야기가 이어졌다.

여기가 바로 황룡사인데, 왕실의 사찰이었습니다. 신라에서 가장 큰, 가장 중요한, 가장 핵심적인 사찰인데 황룡사가 만들어진 건 신라 진흥왕 때로 거슬러 올라갑니다.

일단 신라의 왕들은 왕의 이름을 보면 왕이 어떤 사람이었는지를 대충 알 수 있어요. 진흥왕의 이름을 한자로 풀이하면 진(眞)짜로 흥(興)한 왕(王)이라고 생각하면 됩니다. 그러니까 신라의 전성기를 가져온 왕이 바로 진흥왕입니다. 우리가 알고 있기로 삼국시대의 신라라는 나라가 원래 어떻습니까? 삼국 중에 제일 작았잖아요. 삼국이 만들어진 순서를 말해보면 고구려, 백제, 신라라고 말하지요. 역사 교과서를 보면 무조건 서술 순서가 고구려, 백제, 신라 순으로 나와요. 이것은 건국 서열 순이거든요.

그런데 역사 교과서를 자세히 읽어 보면 건국 연도로는 신라가제일 먼저 만들어진 걸로 나와 있습니다. 신라는 기원전 57년. 고구려는 기원전 37년, 백제는 기원전 18년. 그러면 사실 신라, 고구려, 백제 순입니다. 역사 교과서 맨 뒤에 보면 왕의 연표가 나오잖아요. 거기 맨 밑에 보면 고구려, 백제, 신라의 만들어진 순서가 적혀있는데, 신라는 기원전 57년이라고 적혀있는 옆에 괄호 열고 뭐라고 되어 있냐면, 삼국사기(三國史記)라고 되어 있습니다. 삼국사기 기록에 따라 적힌 겁니다.

우린 일단 삼국사기라는 책에 주목을 해야 해요. 삼국사기는 고려 시대인 1145년에 김부식이 지었습니다. 현재 우리는 삼국시대에 일어난 일들을 대부분 그 책을 통해 압니다. 대체적으로 삼국사기가 정사(正史)이고, 보조 역할을 하는 것이 바로 삼국유사(三國遺事)입니다. 삼국유사와 삼국사기는 쓰인 의도부터 달라요. 삼국사기라는 책은 국가에서 편찬한 일종의 관찬(官撰)서입니다. 거기에 비해서 삼국유사는 일연스님이 개인적으로 지은 성격이 강하죠. 스님이니까 당연히 불교 중심으로 적고, 전설 같은 게 많이 들어갑니다.

아무튼 그 기록에 보면 건국 순서가 신라, 고구려, 백제 순이지만 진짜로는 고구려, 백제, 신라 순이라는 것을 아셔야 합니다.

그럼 삼국 중에서 제일 발전이 먼저 온 나라는 어느 나라일까요? 백제입니다. 두 번째로 태어났지만 제일 발전이 먼저 오고, 먼저 꽃을 피워버려요. 먼저 꽃 피니까 빨리 져버리잖아요. 그다음이 고구려입니다. 그리고 마지막에 전성기를 맞이한 나라가 신라. 제일 늦은 자. 결국은 삼국을 통일하게 됩니다. 역사라는 것이 승리자의 역사잖아요. 그래서 신라의 기록들이 많이 남아있다 보니 신라 위주로 역사가 돌아가고 고구려와 백제는 거기 비해서 좀 잔밥 신세가 되는 경우도 있습니다. 특히 백제의 역사는 그동안 우리가 많이 모르는 부분이 많았죠. 그런데 최근에 고고학적인 발굴이 많이 나오기 때문에 점점 백제 역사도 많이 복원되고 있어요. 대표적인 게 1971년의 무령왕릉 발굴입니다. 무령왕릉의 발굴로 다시 백제의 역사가 쓰이게 되죠.

아무튼, 신라는 삼국 중에 제일 늦게 태어났다 보니 발전도 제일 늦었어요. 그런데, 발전이 늦은 결정적 요소가 바로 지형적인 요소입니다. 우리나라 지도를 머릿속에 그려보면 신라가 어디 있습니까? 한반도의 동남쪽에 치우쳐있죠? 그리고 소백산맥이 외부를 막고 있어요. 옛날에는 교통이 발전 못했기 때문에 외부로 나가는 것이 큰 산맥이나 큰 하천이 있으면 힘들거든요. 그러다 보니 갇혀 있게 되고, 대신에 고구려는 위쪽에 있잖아요. 물은 높은 곳에서 낮은 곳으로 흐르죠? 문화도 그런 경향이 있거든요. 중국 문화가 당시 제일 수준이 높았잖아요. 지형적으로 중국 문화를 받아들이기 제일 좋은 게 고구려 아닙니까. 그래서 고구려가 제일 먼저고 그다음이 백제. 백제는 고구려를 통해 받아들였으나 서해를 건너가버리면 바로 중국과 직통이 됩니다. 그래서 나중에 중국의 남북조시대 때 남조와 교류하면서 직접 문화를 받아들이잖아요. 남조에서 유행하는 문화가 이내 백제에 유행하고 그랬습니다. 우리가 상상을 초월할 정도로 빠른 문화의 교류를 보였지요. 거기에 비해서 신라는 한반도의 구석에 있었기 때문에 제일 발전이 늦고 더디다는 것이지요.

가장 먼저 꽃피웠던 백제가 사그라지면서 그다음에 고구려, 신라 순으로 전성기가 옵니다. 삼국이 전성기를 맞이했을 때 공통점이 하나 있어요. 한강을 차지한다는 것. 그것이 핵심입니다. 거기가 가장 중심지 센터입니다. 거기를 차지해야 거기서 많은 수확물들을 얻을 수 있고, 한반도의 중앙에서 중국과의 교류도 가능하죠. 그걸 신라에서 차지한 사람이 진흥왕입니다. 진짜로 흥한다는 왕!

그전까지의 신라는 한반도 동남쪽에서 작게 움츠려있었거든요. 진흥왕 때 신라는 본격적으로 영토를 확장하면서 원래 있던 영토의 몇 배를 차지하게 됩니다. 북으로 한강 차지하고. 함흥까지 올라갑니다. 진흥왕을 설명하는데 너무 말이 길어졌나요? (일동 웃음)

그 진흥왕이 바로 여기서 궁궐을 만들어요. 그런데 여기가 원래는 습지였다고 그래요. 연못이었답니다. 그래서 궁궐을 만드는데 갑자기 누런 용이 나타나서 하늘로 올라가더라네요. 진흥왕은 여기에 궁궐을 지을 것이 아니구나 생각하고 결국에는 마음을 다잡고 정신적인 부처님의 세계를 만들자 해서 여기다가 절을 만들게 됐대요. 그래서 이름도 황룡사라고 지었는데…. 그런데 말입니다! 이 황룡사의 '황' 자(字)가 다들 착각하시는데 누를 황 자가 아니라 황제를 말하는 임금 황(皇) 자입니다. 왕실사찰이란 뜻을 담고 있죠.

암튼 그때부터 절을 짓기 시작합니다. 절을 짓다가 점점 절이 커지겠죠. 여러분 저 뒤에 웬 아저씨가 한 명 앉아있죠? 그곳이 절의 중심이 되는 금당(金堂), 즉 대웅전(大雄殿)이 있었던 자리라고 생각하면 됩니다. 그 앞 조금 높은 축대 위 바닥에 높은 돌들이 박혀있죠? 그곳은 탑이 있었던 곳이에요.

흔히 우리가 실수를 저지르는 게 황룡사 하면 유명한 '9층 석탑'이 있었다고 말하거든요. 학생들도 수업 시간에 그럽니다. 그럼 제가 "그게 언제 불탔지?" 하고 묻습니다. 그럼 배운 대로 "몽골 침입 때요."라고 대답합니다. 근데 "석탑이 불에 타나?"라고 되물으면 "어…. 아닌데요." 이러거든요. 그러니까 석탑이 아니고 불에 타는 '목탑'입니다. 그래서 지금은 탑은 없어지고 주춧돌만 남아있는 겁니다.

자, 여기서 하나의 법칙을 발견할 수 있습니다. 가람배치, 즉 한국 절의 기본 배치를 남북 일직선 구조라고 부릅니다. 남쪽을 바라보고 북쪽을 등지면서 일직선으로 건물이 배열되어 있다는 겁니다. 우리가 일단 절에 가면 제일 처음에 무슨 문을 만납니까? 일주문(一柱門)이죠. 왜 일주문이죠? 기둥이 하나가 아니라 한 줄로 되어 있다고 일주문이라고 합니다. 그게 일심(一心)으로 마음을 모은다는 상징이 있습니다. 일주문을 통과하면 뭐가 나옵니까? 천왕문(天王門)도 나오고 불이문(不二門)도 나오고 그 뒤에 가면 대웅전이 있는데 대웅전 앞마당에 탑이 있는 겁니다. 대웅전 뒤쪽에는 주로 뭐가 있습니까? 강당이 있지요. 이런 형식으로 절이 만들어져있는 겁니다.

지금 여러분들이 서 있는 곳이 바로 남문. 즉 남쪽 문이 있었던 남문지(南門址)입니다. 여기에 이 주춧돌과 넓이가 비슷한 나무 기둥들이 세워져 있었습니다. 그 위에 기와지붕이 덮여있었고…. 그리고 좀 더 안쪽에 있는 터는 중문(重門)이라고 남문을 통과하면 탑에 이르기 전에 나오는 또 하나의 문이라는 뜻의 중문이 있었던 터입니다. 아파트에도 현관문을 통과하면 중문이 있잖아요.

여기 여러분들이 서 있는 이곳에는 뭐가 있었을까 하면, 기둥이 있고 지붕도 있었겠죠. 양 가장자리에 넓고 큰 돌이 땅에 좌우로 박혀있지 않습니까? 그 바닥에 구멍이 뚫려있죠? 바로 그곳에 각각 하나씩 '금강역사(金剛力士)'라고 부르는 부처님의 세계를 지키는 장사. 금강역사 상이 두 분 있었습니다. 저기 돌바닥에 구멍이 뚫려있는 게 바로 그 증거로, 금강역사상을 지지하고 있던 좌대의 흔적입니다. 지금은 금강역사상이 다 없어지고 돌로 된 좌대만 남아있습니다. 죽은 것 같지만 돌은 생명력이 엄청나거든요. 금강역사는 부처님의 세계를 지키는 장사인데, 이것도 두 가지 타입이 있습니다. 하나는 입을 벌리고 있고 하나는 입을 다물고 있어요. 벌린 것을 '아', 다문 것은 '훔'이라고 해서 산스크리트어의 첫 자와 끝 자라고 합니다. 그게 크리스트교로 치면 '알파'에서 '오메가'까지였다는 뜻입니다. 시작과 끝, 그런 진리가 다 숨겨져 있습니다. 그런 세계에서 부처님 세계를 지키면서 나쁜 도깨비들은 못 들어오고, 청정하게 사람이 마음을 가꾸면서 들어가는 거예요. 그러면서 점점 안으로 전진을 하는 겁니다. 그럼 우리도 전진해볼까요?

최근 완공된 황룡사 역사문화관에는 원래 모습을 상상하여 그린 그림이 걸려있어 방문객들의 이해를 돕고 있다.

일본 '도다이지'의 금강역사. 황룡사에도 금강
역사가 있었을 것으로 추정된다.

상상을 하세요. 현재는 존재하지는 않지만 지금 우리가 엄청나
게 큰 중문을 통과하고 있어요. 여기에는 지금은 나무 계단이지만
과거에는 돌계단 같은 것이 있었습니다. 이제 계단을 밟고 내려가
는 겁니다. 나무나 쇠로 된 것들은 다 없어지고 현재는 돌로 된 것
들만 남아있는 겁니다. 화강암의 강인한 생명력!

당시 절이 어마어마하게 컸어요. 여기 보면 절의 윤곽을 따라 가
장자리에 테두리가 보이죠? 이걸 회랑(回廊)이라고 해요. '회'는 돈
다는 거죠. '랑'은 복도라는 뜻입니다. 절을 돌아가면서 비를 안 맞
도록 지붕이 있는 복도를 만들어 놓은 거죠. 경복궁에 가보면 근
정전 앞이 돌아가면서 그렇게 되어 있죠? 신라 절의 특징도 그렇습

니다. 이런 식으로 가장자리를 둘러선 회랑이 어마어마하게 크게 있었다는 겁니다.

그다음에 여기 좌우를 보세요. 한쪽은 종을 걸어놨던 장소고, 다른 한쪽은 경전 같은 것을 보관하는 곳이었습니다. 중문을 들어서면 그렇게 두 공간이 대칭으로 있고, 그 뒤로 탑이 존재하고 있다는 겁니다.

우리는 마파두부 선생님의 설명을 들으며 저마다 당시의 화려했던 절의 모습을 머릿속에 상상으로 그리며 남문과 중문을 차례로 통과하며 황룡사 목탑이 있었던 자리로 이동하였는데, 제법 높은 기단 위에는 엄청나게 많은 수의 넓은 주춧돌들이 질서정연하게 배열되어 있어 보는 이로 하여금 감탄을 자아내게 하였고 대략 숫자를 세보니 60개는 넘을 듯했다.

엄청난 규모를 자랑하는 황룡사 9층 목답지. 당시 약 80m 높이의 목탑을 받쳤던 주춧돌만이 현재 그 자리를 지키고 있다.

여기가 황룡사 9층 목탑이 있던 자리입니다. 황룡사라는 절은 신라 진흥왕 때부터 만들기 시작했다고 그랬죠. 이 절이 당대에 완성된 것이 아니라 그다음 왕들로 쭉 이어집니다. 진흥왕 다음에 진지왕, 진평왕, 그리고 선덕여왕이 즉위하는데, 진흥왕 때부터 짓기 시작해서 선덕여왕 때까지 내려오게 됩니다. 그 시간이 무려 90년 가까이 걸리거든요. 선덕여왕 때 비로소 탑이 만들어지면서 절이 완성되게 된 것이지요.

지금, 여러분이 딛고 있는 넓은 돌들이 목탑의 주춧돌입니다. 이게 몇 개냐면, 가로세로 8*8=64개입니다. 64개의 기둥들이 받치고 있는 거대한 탑이었다는 겁니다. 이 탑을 9층으로 만든 것도 상징하는 바가 있어요. 이 탑을 왜 만들었냐 하면, 통일의 염원이나 나라의 안녕을 기원하기 위해서 만들었거든요. 당시 신라를 괴롭히던 나라들이 주변에 9개가 있었다고 그래요. 그 9개를 각각의 층이 상징한다고 보면 됩니다. 당시 신라인들은 이걸 만들고 나면 9개의 나라가 복속하고 삼국통일을 이룰 것이라고 믿었죠. 그런 믿음을 갖고 백성들의 마음을 한 곳으로 모으는 거죠. 이런 장치들, 그런 전설을 만들어서 왕권을 강화시킨다든지 하는 의도를 가지고 이런 상징적인 건물을 만들어서 사람들의 마음을 한 곳으로 끌어 모으는 경우가 많았거든요. 그중에 하나가 바로 이 탑입니다.

이것을 만들 때도 신비한 전설이 생기죠. 9층 목탑의 높이가 지금으로 치면 그 높이가 약 80m에 달한다고 합니다. 시멘트 탑이 아니라 목탑입니다. 나무로 된 목탑을 지금도 80m 높이로 만들라고 하면 굉장히 어렵거든요. 그걸 7세기 때 했다는 말이죠. 어마어마하죠?

그런데 문제가 되는 게 뭐냐 하면, 아까 삼국 중 제일 뒤처진 나라가 어느 나라라고 했죠? 신라잖아요. 신라 기술로는 안 되는 겁니다. 그럼 기술이 가장 발달된 나라가 어느 나라였어요? 백제였지 않습니까. 백제의 기술을 가져오는 겁니다. 그래서 백제에 도움을 요청합니다. 당시엔 삼국 모두 불교를 믿는 시대니까 부처님을 위해서 탑 하나를 만들겠다고 하니까 백제가 최고의 장인을 보내

황룡사 역사문화관 로비에 작은 크기로
복원된 황룡사 9층 목탑

준 거죠. 그 최고의 장인의 이름이 뭔지 아세요? 다들 집에 가면 다 계시잖아요. 아버지입니다, 아버지! 그런데 아버지에서 점 하나를 빼면 '아비지'가 되죠. 사실 진짜 이름은 '아비지'입니다. 머리에 쏙쏙 들어가지요?

당시 아비지가 신라의 초청을 받고 자신의 기술자 집단과 신라로 온 겁니다. 그런데, 어느 날 탑을 만들다가 이상한 꿈을 꿨다고 그래요. 탑이 완성되고 꿈속에서 자기 나라가 망하는 꿈을 꾼 거예요. 그래서 "아, 이건 우리나라 망치려고 하는 거다. 나는 못 짓는다." 하고 거부에 들어갔습니다. 그러니까 신라 관리들은 아비지를 꼬시고 어르고 했겠지요. 그러다가 이 사람이 설핏 잠이 들었는데 하늘에서 번개가 치고 우레가 치고 어두워지더니 어떤 스님이 장사를 한 명 데리고 들어오더라네요. 그리곤 가운데 기둥을 하나 떡 세워놓고 나가더랍니다. 잠에서 깨어난 다음에 아비지는 "아, 이것은 내가 거절해서 되는 것이 아니고 이건 부처님의 뜻이구나." 하는 생각이 들어서 갑자기 양같이 순해져서 탑을 짓기 시작했다고 하네요. 그래서 이 탑이 완성됐습니다. 이 탑이 완성되고 얼마 뒤 삼국통일을 했다는 아름다운(?) 이야기. 우연의 일치인지 그런 전설이 있어요.

자, 그럼 지금부터 한번 탑을 살펴볼까요? 8*8=64, 즉 64개의 나무 기둥이 받치고 있었어요. 탑을 만드는 목적은 뭘까요? 그것은 사리를 보관하기 위해서입니다. 사리라는 게 뭐냐면, 불교에서는 스님이 돌아가시면 화장을 하죠? 그때 몸에서 나오는 영롱한 구슬 같은 거라고 생각하면 됩니다. 그게 도력이 높은 사람일수록 많이 나온다는 이야기가 있는데, 그러나 그건 또 100% 진실은 아니라고 그래요. 도력이 높은데 하나도 안 나온 분도 계시 답니다. 불가(佛家)에서는 사리를 가지고 이 사람이 얼마나 훌륭했는가를 따지자 어떤 스님이 그랬다네요. 그분은 사람들로부터 존경받던 큰스님인데, 돌아가시기 전에 걱정을 엄청 하셨다네요. 사리가 안 나오면 어쩌나 하고 말이죠. 그래서 "사리 찾지 말고 그냥 장사 지내라" 하는 이야기를 했답니다. 어리석게도 사람들은 그런 허상에 집착하는 경우도 있잖아요. 25년 전인가? 조계종 종정이신 유명한 성철스님 돌아가셨을 때도 스님의 몸에서 엄청난 사리가 나왔잖아요. 그래서 사람들은 이분께서는 사리가 많이 나온 것을 보니 역시 아주 훌륭하시다 하며 사리 신앙이 더욱 굳어진 거예요.

반면 한 20년 전쯤. 이런 이야기도 있었어요. 평생 불교라고는 믿어 보지도 않은 시골의 어느 할머니가 돌아가셔서 화장을 했는데 몸에서 엄청난 양의 사리가 나와서 방송에서 화제가 된 적도 있고….

다시 이야기를 시작합시다. 탑이 만들어진 목적은 부처님의 몸에서 나온 사리를 모시기 위해서거든요. 부처님의 진짜 몸에서 나온 사리를 진신사리(眞身舍利)라고 부르잖아요. 사실, 탑은 부처님의 사리를 넣었기 때문에 부처님이 사시는 집이라고 생각하면 돼요. 탑도 자세히 보면 생긴 게 기와집의 형상입니다. 기와집을 몇

목탑의 중심기둥인 '심초석'은 정으로 치석을 하여 물이 스며들지 않게 물길 홈이 파져있다.

층 쌓아놓은 게 탑입니다. 기와집이 한 층 있으면 1층이고 두 층
있으면 2층인 겁니다. 거기에서도 제일 안전한 곳에 사리를 보관해
야겠죠? 왜냐하면 도둑이 들 수도 있고, 화재가 날 수도 있으니까.
그러면 여기서 제일 안전한 곳은 어디냐. 바로 심초석이라고 부르
는 이 큰 돌 밑입니다. 이 거대한 돌을 들어내면 작은 구멍이 나와
요. 그 구멍 안에 사리를 넣고 다시 덮어버립니다. 그리고 이 위에
다가 건물을 지어버린 거예요. 그러면 이 사리를 가져가려면 일단
은 건물을 부숴야 합니다. 그리고 이 큰 돌을 들어내야 하는 겁니
다. 그래서 이게 천 년 이상 보관이 된 거예요. 그런데 탑이 나무
로 만든 목조 건물이다 보니 습기라든지 비 같은 게 스며들어올
수도 있잖아요. 그래서 물이 빠져나갈 수 있도록 보시다시피 인공
적으로 바윗돌에 길게 홈을 파서 물이 빠지는 장치를 만들어 놓

은 겁니다. 또 양쪽에 구멍이 동그랗게 뚫려있죠? 뭔가를 고정하는 장치가 있었다는 겁니다. 여기에 가장 중심이 되는 돌을 심초석이라고 그러거든요. 심초석이 여기 놓이게 되는 겁니다. 그러면 이제 아까 말씀드린 대로 건물을 허물고 이걸 빼지 않는 이상은 훼손할 수 없는 절대적인 안전지대가 되는 거죠.

이 탑은 9층짜리인데. 우리나라 절에 가면 있는 다층(多層) 목조 건물들은 대부분 밖에서 보면 2층이나 3층이지만 안에 들어가면 실내가 천정까지 통으로 뻥 뚫려있습니다. 층층이 올라가는 것은 거의 없습니다. 그런데 이 탑은 층층으로 되어있는 구조였다고 합니다. 내부의 계단을 통해 한층 한층 올라가는 그런 구조 말이죠. 그건 현재 우리가 어떻게 알 수 있냐면 고려시대에 내려오는 시 중에, 여기 올라가서 지은 시가 있다고 그래요. '몇 층에 올라가니 뭐가 보인다'는 식으로. 그래서 사람이 올라갈 수 있는 다층 구조로 되어 있었다는 것을 알 수 있습니다.

아시다시피 고려시대인 13세기가 되면 몽골의 침입을 받습니다. 몽골이 쳐들어올 때 사람들이 피난을 갔잖아요. 그때 왕실에서 피난을 어디로 갔죠? 여러분이 잘 아시는 임금 피난처인 강화도입니다. 조선시대까지 강화도가 피난처였거든요. 물살이 세기 때문에 못 건너와요. 그때는 수도 자체를 옮겨버리고 거기서 항쟁을 합니다. 그 당시 몽골이 세계 최강이었잖아요. 기마 전술을 사용해서 육지에서는 최강이지만 몽골엔 바다가 없고 해군이 약하잖아요. 강화도는 물살이 세기 때문에 못 건너옵니다. 반면 고려는 수군이 강하거든요. 그래서 최강이라 자부하던 천하의 몽골이 작은 강화도 섬을 함락시키지 못하는 겁니다. 짜증 나겠죠?

여러분은 강화도 가실 때 어떻게 가 보셨어요? 차 타고 가셨죠? 그 말은, 다리를 놓을 정도로 섬과 육지와의 거리가 가깝다는 겁니다. 그런데 거기를 몽골은 30년 가까이 못 건너온 거예요. 당시 몽골은 세계를 제패한 강국인데 고려 지도부는 강화도 안에 들어가 나오지 않으니까, 그럼 그들이 무슨 짓을 하겠습니까? 육지를 돌아다니면서 몽땅 박살을 다 내버리는 겁니다. 사람들을 죽이고 건물을 불태우고…. 그러면서 쭉 남쪽으로 내려오다가 경주까지 온 겁니다. 황룡사를 보고 어마어마하게 감탄했다고 그래요. 80m짜리 목탑이 있고 왕실사찰이었으니 절이 얼마나 아름답겠습니까. 그 아름다움에 반했다고 합니다. 그래서 그때 이 탑이 불에 타서 없어진 거예요.

몽골 사령관 중에서 서역지방을 정복한 '훌라구'라고 들어보셨죠? 훌라구라는 사람이 바그다드를 점령할 때도 그랬거든요. 바그다드가 몽골의 침략을 계속 막아내다 결국에는 함락당하잖아요. 분풀이로 어쩌냐면, 그 멋진 바그다드를 홀라당 불태워버리거든요. 몽골의 특징은 저항하면 다 죽이고 불태워버립니다. 화려한 문화를 꽃피웠던 바그다드를 불태운 후, 거기에 풀을 심습니다. 그들은 유목민족이기 때문에 가축을 키워야 되거든요. 아예 농경문화를 이해를 못 해요. 아니, 이해할 생각이 없지요. 그래서 풀을 뿌려서 풀밭을 만들어서 양이랑 말한테 먹이거든요. 농경 정착민족과 유목민족은 문화 자체가 다른 거죠. 결국 이런 마인드를 가진 몽골 때문에 황룡사가 다 타버렸다고 합니다. 그래서 여기 있던 게 푹 다 내려앉았어요. 그리고 세월이 흘렀습니다.

고려가 망한 후, 조선이 건국되잖아요. 조선은 아시다시피 유교 국가잖아요. 억불정책으로 이런 거에 신경을 안 써서 방치가 되는 겁니다. 그래서 방치된 채 주춧돌만 남아 오늘날까지 이렇게 내려온 겁니다.

현재 여러분들이 서 있는 이 장소는 집도 없고 평평한 들판이잖아요. 그런데 불과 40~50년 전만 해도 여기엔 마을이었습니다. 여러분들은 지금 남의 집 마당이나 담에 올라가 있는 셈입니다. 얼마 전까지만 해도 여기가 마을이었다는 겁니다. 그러다가 세월이 흘러 드디어 문화재를 보호해야 한다. 황룡사지를 보존하자 해서 마을에 있는 집들은 하나하나 철거시킨 겁니다. 현재 남아있는 옛날 사진을 보면 여기가 원래는 마을이고 사람들이 돌아다니고 그래요.

그런데 문제가 뭐냐? 이렇게 집들을 하나하나 해체하다 보니까 심초석이 드러나기 시작하는 거예요. 그게 어느 집 담벼락에 있었거든요. 당시 시대적 상황으로는 집주인은 이게 중요한지도 모르죠. 돌이 크니까 담으로 삼기에 딱 좋고… 이제 집을 해체하고 마을이 점점 없어지고 나니까 심초석 전체가 드러나는데, 그때 도굴꾼이 등장하게 됩니다. 그게 60년대 중반입니다. 도굴꾼들은 이 무거운 바위를 어떻게 들어 올렸을까요? 간단한 방법이 있습니다.

2016년 말에 완공된 황룡사 역사문화관에서는 지금은 사라진 황룡사의 모습을 여러 각도로 재구성하여 황룡사지를 방문하는 사람들의 이해를 돕고 있다.

자동차 타이어 펑크 났을 때 야외에서 쓰는 '르프트 잭(흔히, 일반적으로는 자키라는 말리 많이 쓰임)'을 넣어서 들어 올린 겁니다. 그래서 난리가 난 거죠. 그런데, 다행히도 결국에는 범인을 잡았어요. 현재는 다 회수해서 박물관에 있습니다.

저기 멀리 숲속에 석탑이 보이십니까? 그곳에도 '미탄사'라는 절이 하나 있었다고 했지요? 저 절의 탑이 놀랍게도 지금 국보로 지정되어 있습니다. 지금껏 보물로 지정되어 있다가 한 2년 전에 국보로 승격됐어요. 이렇듯 우리가 그냥 무심코 지나치는 국보들이 주변에 제법 있습니다. 통상적으로 국보를 지정하는 원칙은 그 시대를 대표할만한 문화재이거든요. 그러니까 미탄사지 탑은 신라 석탑을 대표할만한 탑 중에 하나라는 거죠. 신라 석탑의 표준 형식을 다 갖추고 있고….

국보 다음의 레벨이 보물이죠? 국보와 보물의 차이가 뭐냐고 사람들이 질문하면 저는 이렇게 간단하게 대답합니다. "축구팀에서 주전 멤버들은 국보고 후보들은 보물이다." 그래서 주전이 부상당하거나 컨디션이 안 좋을 때는 언제든지 후보가 주전이 되죠? 그래서 보물이 국보로 제법 올라가요. 최근 몇 년 사이에도 국보로 많이 승격되었습니다. 경주 남산에 가면 최근 몇 년 안에 국보로 지정된 보물이 몇 개 됩니다. 국보의 수가 갈수록 늘어나죠. 그리고 경주가 그만큼 역사적인 가치가 있는 도시라는 뜻입니다.

자, 이젠 절의 중심인 금당을 향해 가봅시다.

64개의 기둥이 받치고 있던 80㎜ 높이의 장대한 황룡사 9층 목탑,
당시 경주 어디에서나 볼 수 있는 '랜드마크'였던 국보급 목탑,
몽골의 말발굽에 밟히고 화마에 전소되어 지금은 쓸쓸한 평원 위에 주춧돌로 남겨진 황룡사.
우리는 다시금 저마다 마음속에서 찬란했던 황룡사 목탑을 그려보며 다소 쓸쓸한 마음을 안고 계단을 내려간다.
주춧돌 위에 서린 그 세월을 해와 달은 기억하리….

여기가 이 절의 가장 중심인 '금당터'입니다. 여기 있는 거대한 바위 아래를 한번 보세요. 바닥에 구멍이 뻥뻥 뚫려있죠? 바로 부처님 세 분. 즉, 삼존불이 앉았던 곳입니다. 밑에 있는 구멍은 불

상을 고정하려고 뚫어놓은 겁니다. 이것은 신라 때 만들어진 그대로입니다. 부처님이 여기 앉아계셨는데 지금은 안 계시잖아요. 아까 이야기한 몽골이 쳐들어왔을 때 불에 타서 녹아내려 버렸습니다. 그래서 아쉽지만 현재는 없는 겁니다.

그 불상(弗像) 이야기를 하겠습니다. 여기에 있던 황룡사는 언제부터 짓기 시작한다고 했지요? 신라 진흥왕입니다. 그러다가 진평왕 때가 됩니다. 여기 불상을 하나 넣어야겠다고 생각을 하고 있었습니다. 거기에 관한 재미있는 전설이 삼국유사에 나옵니다.

자, 이제 이야기가 좀 더 위로 거슬러 올라가겠습니다. 혹시 인도에서 불교의 국교화를 이끌면서 불교를 대중화시켰던 왕을 알고 계십니까? 바로 '아소카왕'입니다. 한자로는 '아육왕(阿育王)'이라고 그러죠. 이 사람이 나타나서 기원전 3세기경에 인도를 통일합니다. 그의 '마우리아 왕조'가 인도를 최초로 통일한 왕조입니다. 이 사람이 통일을 하는 과정에서 대규모 전투가 있었어요. '칼링가 전투'라고 있었는데, 거기서 칼링가족이랑 싸우면서 적들을 무자비하게 섬멸을 해요. 그러면서 아소카 왕이 의기양양하게 전쟁터를 둘러보러 갔다가 충격을 받는 거지요. 처참하게 죽은 수많은 시신들을 보고 충격에 빠져서 이 죄를 어떻게 풀어야 하나 고민을 했답니다. 그 당시에 인도에서 널리 퍼지고 있었던 게 불교였거든요. 불교는 살생을 금지하고 자비를 베푸는 종교라고 생각해서 이 사람은 불교에 귀의하게 됩니다. 그러면서 불교를 전국적으로 퍼트리면서, 부처님을 화장한 묘를 발굴해 사리를 꺼내서 전국에 탑을

황룡사 금당터, 장육존상이 자리했던 거대한 좌대에 앉아 설명을 듣고 있다.

만들기 시작합니다. 그런 식으로 불교를 확대시켰던 사람이 바로 아소카왕입니다.

어느 날 아소카왕이 금동으로 만든 대규모 불상을 주조할 계획을 세웠어요. 주조라는 것은 형틀을 만들어서 쇳물을 끓여서 부어 넣어 굳혀 만드는 것입니다. 주조가 좀 어렵거든요. 불상 제작을 계속 실패하는 거예요. 그래서 아소카왕은 고민을 하고 있는데, 왕자라는 사람은 놀고만 있는 거예요. 왕자라는 사람이 아버지 일을 안 도와주고 말이죠. 그래서 아들한테 뭐라고 했다고 그래요. "너는 아버지가 이런 사업을 하는데 왜 도와주지 않고 방관을 하느냐?" 했더니, 그 아들이 도사 같은 이야기를 했대요. "아버지 그것은 사람의 뜻으로 되는 것이 아닙니다. 모든 것은 부처님의 뜻으로 되는 겁니다. 뜻이 있는 곳으로 보내서 그것을 만들게 하는 것이 어떻겠습니까?" 그 말을 듣고 아소카는 "그 말이 맞구나." 해서 재료인 엄청난 금과 동을 배에 싣고, 설계도면까지 부록으로 실어서 그냥 배를 바다에 흘러보냈대요. 그 배가 흘러 흘러서 신라에까지 왔다고 합니다. 믿거나 말거나….

아무도 안 탄 목선이 인도에서 여기까지 왔다. 양보를 해서 거기까지는 믿어 봅시다. 그런데 아소카 왕이 기원전 3세기 사람이거든요. 이 불상이 만들어진 것은 서기 6~7세기 때 이야기입니다. 그럼 800년을 나무 목선이 인도양을 건너 태평양을 건너… 신라까지…. 정말 대단한 전설입니다. 그죠? 암튼 신라에서는 신하들이 "전하, 이상한 배가 왔사옵니다." 해서 가봤더니 배에 금과 동이 가득 실려 있고, 친절하게 설계도면까지 있더랍니다. 신라에서는 부처님의 뜻이겠노라 하고 단 한 번에 주조해서 만들었다고 합니다. 참, 기술도 좋죠? 그래서 여기 모셨다고 그래요. 그것을 '장육존상(丈六尊像)'이라고 불렀습니다. 글자 그대로 1장 6척이 된다고 그래요. 대략 5m 넘는 높이의 거대한 불상이 만들어지는 거죠.

그리고 여기 그 장육존상이 있었던 좌대 좌우로 반듯한 돌들이 줄지어 있죠? 이 돌에도 구멍이 뚫려있죠? 여기에도 십대제자라든지 불교와 관계되는 인물상들이 만들어져 서 있는 곳이었습니다.

다시 정리해 봅시다. 그러니까 사람들이 절에 들어올 때 저기 남문으로 들어와서, 중문을 거쳐 앞에 있는 목탑에 절하고 다음에 최종적으로 금당에서 부처님께 절을 하는 겁니다. 그랬던 곳이 바

엄청난 규모의 장육존상을 받쳤던 석조좌대

로 이 자리입니다. 그런데 아쉽게도 여기도 몽골의 침입 때 불타서 녹아 없어졌다는 겁니다. 그래서 현재 여러분은 볼 수 없고, 이 터만 볼 수 있습니다. 이 터가 존재하는 한, 물론 만드는 과정의 전설은 다소 정치적 목적에 의해 만들어졌을지는 몰라도, 여기 남아있는 석조유구의 흔적으로 장육존상이 있었다는 것은 분명한 사실이라는 것을 알 수 있습니다.

우린 황룡사에서 가장 중심이 되는 건물이었다는 금당이 있었던 곳에서 한동안을 머물며 지금은 석조 좌대에 흔적만으로 남은 장육존상을 또다시 머릿속 상상으로 그리고 지나간 세월을 각자의 생각대로 복원시키는 시간을 가졌다. 어떤 이는 여기서 사진을 찍고 또 어떤 이는 온기가 남아있는 석조 좌대를 쓰다듬고 또 어떤 이는 봄의 햇살을 가르며 드넓은 황룡사를 한동안 뛰어다녔다.

　금당을 지나니 그 뒤쪽엔 또 하나의 건물이 있었던 공간이 펼쳐
졌다.

　여러분, 금당 뒤에 있는 주춧돌들은 여기가 강당이 있었던 터라
는 것을 의미합니다. 절의 맨 뒤에 있는 강당 말이죠. 여기는 현재
돌들이 많이 훼손되고 없습니다. 절이 사라진 뒤 마을이 생기면서
민가에서 가져가서 써버려서 그래요.

　아까 우리가 황룡사지로 들어오기 전에 차에서 내렸던 주차장
이 있었죠? 거기도 원래는 논이었습니다. 그쪽에 걸어 들어와서
남문과 중문지에서 오늘 기행을 시작한 겁니다. 그 문 뒤에 경루
지, 종루지가 있었죠? 경루지는 경전 같은 걸 보관하던 건물이고,
종루지에는 거대한 황룡사 종이 걸려있었어요.

　우리가 알고 있는 가장 유명한 종이 뭐죠? 바로 에밀레종이죠.
그게 원래 명칭이 '성덕대왕신종'입니다. '봉덕사 종'이라고도 불렀어
요. 그 종이 봉덕사라는 절에 있었어요. 그러다가 그 절이 폐사되
면서 종이 경주의 북천가에 굴러다녔거든요. 홍수가 나서 그걸 끌
어다가 나중에 경주 읍성의 문에 걸어놓고, 성문 열고 닫을 때 쳤
어요. 그러다가 일제강점기 때 박물관으로 옮겨졌거든요. 원래의
박물관은 어디 있었는지 아십니까? 경주역 근처에 있는 동문 시장
부근에 있었어요. 제가 초등학교 수학여행 갔을 때는 박물관이 바
로 거기에 있었거든요. 나중에 박물관이 현재의 장소로 옮기게 됐

는데, 우리가 박물관에 입장하면 제일 먼저 눈에 보이는 마당 한 쪽에 걸러있는 거대한 그 종입니다. 황룡사 종은 어마어마하게 크고 우리나라에서 제일 큰 종이었거든요. 그 에밀레종의 4배에 달하는 종이었다고 합니다.

그리고 아까부터 제가 황룡사라고 부르지 않고 '황룡사지'라고 이야기하고 있죠? 이 '지' 자는 땅 지(地)가 아니고 터 지(址)입니다. 그러니까 황룡사지라고 할 때는, '지금은 절이 없고 터만 남아있구나'라고 생각하시면 됩니다. 우리말로는 감은사 터, 황룡사 터라고 이야기합니다.

아까 우리나라 절의 구조를 남북일직선 배치라고 그랬어요. 절에 들어올 때는 남문에서 시작합니다. 그다음은 중문을 거쳐서 목탑이 나오는데, 그 목탑은 금당 앞에 위치하거든요. 금당을 통과한 마지막에는 강당이 나옵니다. 그런데 우리가 본 황룡사는 금당도 3개나 있었어요. 중앙의 금당을 축으로 한쪽엔 동(東)금당, 반대쪽엔 서(西)금당. 그리고 뒤엔 강당이 있는 구조지요. 신라시대 절의 구조 중 또 하나 특이한 점은 비를 안 맞고 다닐 수 있는 지붕이 달린 복도인 회랑(回廊)이 절 전체를 둘러싸고 있는 구조라는 겁니다.

그런데 초창기에는 금당 앞에 탑이 하나만 있는 일탑 형식이었습니다. 나중에 시간이 흐르면서 탑이 두 개가 생겨 동탑, 서탑으로 나누어지면서 쌍탑으로 바뀝니다. 즉, 처음에는 탑이 하나만 있는 일 탑이었는데 나중에는 감은사처럼 탑이 두 개로 나누어져서 쌍탑으로 바뀌게 됩니다. 지금 현재 우리나라 절에 가보면 대부분 다 쌍탑이잖아요. 초창기에는 일 탑이었다는 거죠. 그리고 초창기에는 금당도 세 개였습니다. 탑 하나에 금당이 세 개나 있는 그런 구조를 '일탑 삼금당'이라고 부르죠. 잠시 후 우리가 찾아갈 분황사도 원래는 일탑 삼금당이었습니다. 그러나 지금은 금당이 하나입니다. 그것은 제가 분황사에 가서 설명하도록 할게요.

자, 그럼 분황사로 이동합시다.

분황사

분황사는 황룡사에서 직선으로 북쪽방향에 위치하고 있었다. 우리 일행은 드넓은 황룡사지를 지나 곧게 뻗은 통행로를 걸어 높은 담으로 둘러싸인 석탑이 보이는 건물을 향하여 걸었다. 분황사에 이르기 전 왼쪽 들판 가운데 돌로 깎아 만든 제법 큰 직사각형 기둥 두 개가 인상 적인 모습으로 눈길을 끌었는데, 인솔자는 그 곳으로 우리를 안내하였다.

분황사 당간지주

이것은 당간지주(幢竿支柱)라고 부르는 것입니다. 당간지주는 절에서 행사가 있을 때, 당이라고 부르는 일종의 깃발을 거는 장치입니다. 당을 게양하는, 지금으로 치면 당간 지주는 일종의 국기 게양대입니다. 그 국기 게양대의 기둥을 받치는 장치라고 생각하시면 됩니다.

당간지주 중간으로 이런 거대하고 두꺼운 기둥이 올라갑니다. 이 기둥 끝에 깃발이 달리겠죠? 그 기둥이 안 넘어지도록 옆에서 잡는 장치가 바로 당간지주입니다. 당간을 지지하는 기둥이라는 겁니다. 자세히 설명하자면, 중간에 박히는 기둥은 당간이라고 부르고, 당간 위에 게양되는 깃발은 당이고. 그걸 지지하는 기둥을 당간지주라고 부르는 겁니다.

황룡사지 북쪽으로 곧게 난 길을 잠시 걸으면, 담장 위로 큰 탑이 보이는 분황사에 이른다.

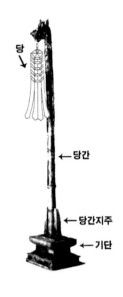

제가 만든 자료를 한번 봐주세요. 당이라고 하는 것은 절에서 행사가 있을 때 거는 깃발 같은 거라고 합니다. 당간지주의 제일 아래에 있는 석조물은 기단인데. 이 기단은 다른 당간지주에 있는 기단에 비해 특이해요. 거북이 형상을 하고 있죠? 그리고 이 당간지주 옆을 한번 보세요. 여기에 구멍이 뚫려있죠? 당간 지주로 인해 기둥인 당간은 옆으로는 안 넘어지잖아요. 그런데 앞뒤로는 막는 것이 없어서 넘어지겠죠? 이 기둥에 구멍을 뚫습니다. 거기다 쐐기 기둥을 통과시켜서 고정시키면 당간이 안 움직이잖아요. 그러다가 깃발을 내릴 일이 있으면 쐐기 기둥을 빼버리는 겁니다. 그러면 평소에 당을 달 때는 어떻게 달았을까요?

일반적인 현재의 국기 게양대 제일 위에를 보면 뭐가 있어요? 국기봉이 무궁화이지요? 그 당시에는 거기에 연꽃 모양도 있었을 것이고, 용의 머리인 용두(龍頭) 모양도 있었거든요. 풍기에서 발견된 용두는 실제 사용되었던 것인데 아마 지금은 보물로 지정되어 대구 국립박물관에 있을 겁니다. 대구 대학팀이 발굴했다고 들었는데, 이 용두를 자세히 보면 깜짝 놀랍니다. 용두 턱 밑에 도르래가 달려있더라고요. 도르래를 이용하여 당을 오르내렸다는 거죠. 그러니까 옛날 사람들은 우리 상상 이상으로 뛰어났다는 겁니다.

　이제 당간지주의 설치 위치를 알아야 합니다. 일반적으로 사찰의 남쪽입니다. 그래서 당간지주가 있다 하면 어떻게 생각하면 되느냐. 십중팔구는 여기가 절이 시작되는 남쪽이고, 그 북쪽에 절이 있거나 있었을 것이라고 생각하면 됩니다. 이 당간지주는, 지금 추측하기로는 분황사의 남쪽 앞에 있으니 분황사의 당간지주일 것입니다. 그런데 어떤 절에 가면 이것보다 높이가 낮고 크기도 좀 작은 당간지주 두 개가 나란히 있는 것을 봤죠? 그것은 당간지주가 아니고, 다른 용도입니다. 기둥 두 개가 나란히 올라가겠죠? 두 기둥 사이에 거대한 괘불을 올리는 겁니다. 그래서 그런 것은 괘불 대입니다. 주로 어디 있냐면, 절 마당 금당 앞에 있습니다. 왜냐하면 법회를 할 때 괘불을 펼쳐 올렸다가, 법회가 끝나면 내려서 둘둘 말아서 보관하는 겁니다.

절의 남쪽 입구에 위치하며 당이라고 부르는 깃발을 게양했었다는 당간지주에 관한 설명을 듣고 우리 일행은 직접 당간지주를 가까이서 관찰하고 측면에 난 구멍에 손도 넣어 보기도 하였고 마침 싱그럽게 자란 주변 보리밭을 배경으로 사진도 찍으며 즐거운 시간을 보냈는데,

오늘의 베스트 샷!
담임 선생님과 함께 온 초등학생들

그날 참가자 중 개구쟁이 초등학생 무리들이 있었는데 아이들은 푸른 보리밭을 배경으로 저마다 개성적 포즈를 취하며 담임 선생님과 인생 샷을 남겼다는 미담을 덧붙인다.

그 아름다운 미담을 뒤로하고 들어선 분황사는 황룡사지와는 달리 아담한 규모의 절이었으며 입장료를 받는다는 점에서도 개성적인(?) 면이 돋보였고 일단 경내에 들어서자마자 거대한 석탑이 압도적인 위용을 과시하고 있었다.

이 절의 이름은 분황사입니다. 모든 것은 이름부터 주목을 해야 해요. 분황사에서 '분' 자는 향기 분(芬) 자입니다, '황'은 황제 황(皇) 자고. 그럼 깨달음의 황제가 누구일까요? 부처님이겠죠. 아마 그런 뜻을 가지고 있는 걸로 해석이 됩니다. 부처님의 향기. 어때요 우리말로 풀이했을 때 더 멋지죠?

분황사가 만들어진 시기는 신라 선덕여왕 때입니다. 여자로서 최초로 왕이 된 사람이죠. 옛날 신라에서 여자가 왕이 되기는 쉽지 않죠. 무슨 일이 있었느냐면, 옛날 고대 사회는 철저하게 신분제 사회잖아요. 그래서 신라도 나름의 신분제도를 가지고 있었어요. 바로 그 제도가 유명한 '골품제'입니다. 골품제도라는 것은 일반인은 포함 안 되고 귀족들의 신분제도입니다. 제일 높은 신분이 성골이고 그다음이 진골, 6두품, 5두품, 4두품입니다. 3두품 이하는 옛날에는 있었는데 다 소멸해버려요. 여기서 우리가 주목해야 할 게 뭐냐? 이름에 주목하라고 그랬죠. 골품제도의 명칭을 분석

하면 무척 이해하기 쉽습니다.

골(骨)로 끝나는 성골, 진골, 품(品)으로 끝나는 6, 5, 4두품. 즉, '골'과 '품'을 합쳐서 골품제도라고 부릅니다. '골'은 왕족입니다. 나머지 일반 귀족은 '품'으로 끝나는 겁니다. 쉽게 이해하자면, '성골'이란 성스러운 뼈대 있는 집안이라는 겁니다. '진골'은 진짜 뼈대 있는 집안이라는 뜻이고. 이 제도는 그럼 어떻게 해서 만들어졌느냐. 추론하기로는 대략 이렇습니다.

신라라는 나라가 원래는 되게 작은 나라였잖아요. 마을에서 출발하잖아요. '사로육촌'이라고 들어보셨죠? 육촌 촌장들이 모여서 연합하면서 차차 규모가 커지기 시작해요. 그러면서 점점 고대국가의 형태를 갖춰나가는 과정에서, 고대국가의 특징이 뭡니까? 정복전쟁이잖아요. 정복을 하면서 주변의 부족들을 자기 영역으로 끌어들이는 거예요. 그 과정에서 정복당한 지역을 자기들 세력 밑으로 넣어야겠죠? 그러면서 서열이 정해지는 겁니다. 그래서 높은 서열, 낮은 서열. 그리고 정복 과정에서 편입된 세력의 귀족들은 우대를 해줘야겠죠? 이들을 자기들 체제에 넣어서 신분을 주는 거죠. 그러면서 골품제가 생겨나는 겁니다.

대표적인 예를 들어볼까요? 금관가야의 경우죠. 금관가야는 532년에 멸망해요. 멸망하면서 금관가야는 신라에 흡수가 돼요. 그러면서 신라에서는 흡수된 금관가야의 왕족들을 우대해줘야 하잖아요. 자기들 체제에 넣으면서 성골을 못 주니까, 바로 밑에 있는 진골을 주는 겁니다. 그런 식으로 신분 분배를 하는 겁니다. 우리가 알고 있는 대표적인 사람이 '김유신'입니다. 김유신은 경주 사람 아닙니다. 김해 김씨예요. 즉, 신라가 아니라 금관가야의 후손이었는데, 자기 증조할아버지인 '구형왕' 때 신라에 항복해서 진골의 신분이 되었죠. 그 김유신의 할아버지가 '김무력'입니다. 글자 그대로 무력이 센 사람입니다. 군인으로서 이름을 떨쳤죠. 김무력이 어떤 군공을 세운 사람이었냐면, 백제하고 신라가 서로 연합했다는 사실을 아십니까?

배경 설명을 하자면, 고구려의 장수왕이 남하정책을 실시합니다. 우리가 백제 수도를 어디로 알고 있습니까? '공주'와 '부여'로 알고 있죠? 사실 공주, 부여는 수도로서 역사가 얼마 안 됩니다. 백제시대의 수도는 대부분은 현재의 '서울'이었어요. 그런데 우리가 백제하면, 자동적으로 수도를 공주, 부여로 알고 있어요. 서울에서 기원전 18년부터 있었는데, 5세기 때 고구려 장수왕에 쫓겨서 남으로 피난 내려오거든요. 피난 내려와 밑에서 산 것은 겨우 200년 가까이 정도밖에 안 됩니다. 고구려가 계속 치고 내려오니까 약한 나라인 밑에 두 나라는 멸망 위기에 처하는 거죠. 그래서 둘이 손을 잡습니다. 그게 바로 '나제동맹(羅濟同盟)'입니다. 그래서 동맹을 맺어서 같이 방어하고 있었죠. 그러다 어떤 일이 발생하느냐면, 진짜로 흥한 진흥왕 때 되면 신라라는 나라가 커지거든요. 마침 백제도 다시 나라가 흥해집니다. 그때 성스러운 왕 '성왕(聖王)'이 등장하잖아요. 그래서 백제가 부흥을 하고, 신라도 커졌으니 '좋다! 이젠 복수하러 가자'해서, 둘이 동맹을 맺어서 고구려를 칩니다. 그래서 빼앗겼던 한강 유역을 되찾거든요. 찾고 난 뒤에 어떤 일이 생기냐면, 그때 백제의 영웅이 성왕이었고 신라의 영웅이 진흥왕이었거든요. 하늘은 두 개의 태양을 용납 안 하니까 하나는 죽어야 하는 겁니다. 결국에 둘의 싸움이 벌어지는 겁니다. 이때, 신라 진흥왕이 한강 유역을 먼저 차지한 거죠. 그래서 성왕이 화가 나서 신라하고 전쟁을 하게 되는 겁니다. 처음엔 백제가 우세했어요. 자기 아들 창. 즉 나중에 위덕왕이 되는 그 왕자가 신라를 결정적인 코너에 몰아서 승리하거든요. 그 기쁜 소식을 듣고 성왕이, '왕자가 드디어 해냈구나. 내가 위문을 하러 가야겠다'고 하면서 전쟁터로 출발을 하게 됩니다. 한밤중에 몰래 정예기병 50여 명을 끌고 나갔다고 그래요. 그런데 그 정보가 새어 나가 버립니다. 그래서 신라가 매복을 하고 있다가 기습 공격을 해서 왕을 죽여 버리는데, 그걸 관산성 전투라고 합니다.

관산성에서 결국은 성왕이 전사해버리고 맙니다. 바로 그때의 신라 장군이 '김무력'입니다. 그때 결정적 군공을 세우면서 신라에서 빠질 수 없는 집안이 된 겁니다. 그러나 문제는 뭐겠습니까? 그들은 굴러온 귀족이라는 거죠. 신라에서는 지지기반이 없었던 겁니다. '너희는 항복한 나라인 가야에서 굴러온 귀족 아니냐. 정통 귀족은 우리다. 너네는 가짜 진골이다.' 그래서 푸대접도 많이 받았습니다.

김유신은 거기서 한계점을 느낀 거지요. 그럼 우리 집안은 굴러온 진골이기 때문에 왕은 될 수 없고, 그럼 방법은 뭘까? 왕의 부인이 되어 왕실에 핏줄을 남기면 되잖아요. 그래서 다들 아시는 것처럼 자기 여동생을 잠재력을 갖춘 '김춘추'와 사귀게 하는 작전을 짜는 거죠. 김춘추도 마찬가지입니다. 왕이 돼야 하는데. 김춘추가 똑똑한 사람이지만, 결정적으로 한 방이 없거든요. 그 한 방을 가진 게 김유신이잖아요. 그래서 당대 최고의 머리와 주먹이 서로 연합한 거죠. 그래서 김춘추는 태종 무열왕이 되었죠.

그 무열왕 앞에 있었던 사람이 '진덕여왕'입니다. 진덕여왕 앞은 선덕여왕이고 그 앞이 진평왕입니다.

그 선덕여왕 때 여기에 있는 분황사 탑이 만들어져요. 이 탑은 우리나라 신라 석탑에서 진짜 중요한 탑입니다. 아마 세 손가락 안에 들어갈 정도로 가장 중요한 탑이고 신라의 석탑 중에서는 가장 오래된 탑입니다. 첫째 손가락에 들어가도 손색이 없어요. 이 탑이 왜 중요하느냐? 신라 석탑의 출발점이기 때문입니다.

이제부터 조금 전문적인 이야기로 들어갈게요. 탑이 만들어진 게 부처님의 사리를 보관하기 위해서잖아요. 그러면 당연히 탑이 처음 만들어진 나라는 인도죠. 우리나라는 불교를 중국을 통해 받아들이잖아요. 그러니까 우리가 직접 받아들인 게 아니잖아요. 그러다 보니 모든 문화는 그 전파 과정에서 여과가 됩니다. 걸러지는 과정에서 중국식 문화가 섞여 들어온 거예요. 처음에 탑이 만들어질 때 인도에서는 돌로 만들었습니다. '산치대탑'이라고 부처님을 위해 처음 만든 탑이 있어요. 그러한 탑이 중국으로 들어옵니다. 그때 중국은 고층 건물을 짓는 기술이 발달해있어요. 우리가 아까 이야기했던 황룡사 9층 목탑 있죠? 중국에서는 그런 목조 건물 자체가 탑이 되는 거예요. 그래서 목탑이 만들어지는 거예요. 그게 우리나라에 들어옵니다. 그러다 보니 우리나라도 처음에는 목탑을 만든 겁니다.

그럼, 삼국에서 불교가 들어온 순서는 어떻게 될까요? 고구려, 백제, 신라 순입니다. 고구려는 372년 소수림왕 때 받아들입니다. 전진에서 '순도'라는 사람이 오잖아요. 고구려가 중국과 육지로 바로 연결되기 때문에 제일 유리해요. 그다음이 백제로 384년 침류왕 때입니다. 바다 건너편이 중국이잖아요. 그 당시 중국은 남북조 시대였는데, '동진'이라는 나라가 남쪽에 있었거든요. 거기에서 아르헨티나의 전설적인 축구선수 '마라도나'의 형님 같은 이름을 가진 '마라난타'가 불교를 전해 줍니다. 그러니까 고구려, 백제는 불교를 중국에서 직수입을 한 겁니다.

그런데 신라는 어떤 나라라고 했습니까? 가장 구석에 있다 보니 받아들이는 것이 늦었지요. 처음에 '묵호자'라는 사람이 고구려에서 와서 불교를 전파하려고 하다가 사람들이 탄압을 해서 도망가고 그랬거든요. 묵호자라는 사람도 이름을 분석해보면 사실은 그게 사람 이름이 아니에요. 검을 묵(墨)에 오랑캐 호(胡). 아들 자(子). 오랑캐 자식, 오랑캐라는 뜻이죠. 그래서 피부색이 인도인과 비슷해 인도 사람이 아니었을까 추측할 수 있죠. 아무튼 불교를 바로 못 받아들이고 진통을 겪죠. 그러다 세월이 좀 지나서 법흥왕 때가 돼서야 불교가 공인됩니다. 그 불교가 공인될 때, 대규모

사건이 벌어지잖아요. 주연 '이차돈'.

왕이 어느 날 불교를 믿게 하려고 하는데 귀족들이 반대한다면서 걱정을 하자, 이차돈이 자기 목숨을 던져서 이것을 믿게 하겠다고 합니다. 그래서 신령스러운 숲에 가서 나무를 베서 절을 지으려고 합니다. 절을 지으려고 나무를 막 베어가니까 잡아서 '이놈의 목을 베어야겠다'고 하니, '그래, 내 목 잘라봐라. 불교가 얼마나 신통한 종교인지 알게 될 거다' 하는 겁니다. 그래서 목을 자르니까 머리가 땅에 떨어지는 게 아니라 하늘로 솟아올랐답니다. 북쪽의 소금강산에 떨어졌다네요. 그런 다음 목에서는 갑자기 흰 피가 솟구치고, 하늘에서는 꽃비가 내렸다고 그래요. 사람들이 그걸 보고 두려워하면서 불교를 안 믿으면 큰일이 나겠구나, 불교가 엄청 대단한 종교로 생각해서 불교가 퍼지기 시작했다는 그런 이야기입니다. 불교가 퍼져나가면서 신라는 아주 발달하게 되는 거죠. 그게 법흥왕 때죠?

이름을 보세요. 법(法)을 흥(興)하게 했다. 여기서 '법'이라는 것은 부처님의 말씀, 진리의 말씀을 뜻하죠. 곧 불교를 흥하게 한 왕이라는 의미를 담고 있죠. 그래서 그 법흥왕은 아버지나 부인 등 모두를 부처님 아버지,

경주 박물관의 이차돈 순교비

어머니, 부처님 자식 이름으로 다 바꿉니다.

불교가 들어와서 이때부터 흥하기 시작하죠. 선덕여왕 때 여기에 이 탑을 만드는데, 이 탑이 왜 중요하냐면, 처음 탑이 전래되었을 땐 목탑이라고 그랬죠? 목탑의 단점이 뭡니까? 오래 못 가잖아요. 불에 타거나 썩거나. 훼손되기 쉽잖아요. 그래서 결국에 사람들이 머리를 싸맵니다. 그러면 오래가는 게 뭐지? 바로 돌입니다. 그래서 돌로 탑을 만듭니다. 그런데 그 중간 과정에 벽돌로 만든 탑이 있었습니다. 벽돌은 중국에서 많이 만들었습니다. 중국은 흙이 많잖아요. 그런데 우리나라는 벽돌 탑이 흔치 않습니다. 석탑으로 넘어가는 과정에 우리나라도 벽돌 탑을 만들어요. 하지만 벽돌은 만드는 과정이 귀찮고 취약한 약점이 있습니다. 그래서 결국은 강인한 석탑으로 바뀌는데, 그 벽돌탑인 전탑과 돌로 만든 석탑의 중간 과정에 있는 게 이 분황사 탑입니다.

우선 이 탑의 정식 이름이 뭔지 압니까? '분황사 모전석탑'입니다. 나무로 만든 탑은 목탑(木塔), 벽돌로 만든 탑은 전탑(塼塔), 돌로 만든 탑은 석탑(石塔)이라고 하죠? 그런데 보세요, 이게 벽돌을 돌을 쌓아 올린 것 같죠? 그런데 좀 자세히 보세요. 저게 벽돌이 아니고 사실은 돌입니다. 보기엔 벽돌 같지만 돌을 일일이 벽돌처럼 다듬어서 쌓아둔 겁니다. 그럼 저건 전탑입니까 석탑입니까? 재료가 돌이니 분명 석탑인데 전탑을 모방했죠? 그래서 모전, 즉 전(塼)탑을 모(模)방한 석탑이라는 겁니다.

저 탑의 재료가 되는 돌은 안산암입니다. 우리나라는 주로 화강

분황사 모전석탑 앞에서 포즈를 취한 역사 기행 참석자들

암이 많거든요. 화강암은 굉장히 단단해요. 치석 과정이 힘들지만
대신에 오래가죠. 안산암은 부드러워서 좀 잘 깨지거든요. 대신
화강암 보다 다루기는 쉽죠. 그래도 저걸 다 다듬으려면 얼마나
힘들었겠어요? 저 탑이 지금은 3층이죠. 지붕을 보세요. 부처님이
사는 집이라고 생각하면 되잖아요. 지붕이 몇 개냐면 3개입니다.
그런데 원래는 저게 3층이 아니었다는 겁니다. 현재 우리가 추론
하기로 원래는 9층에서 7층 정도라고 합니다. 전탑의 가장 큰 단점
은 무엇일까요? 재료가 벽돌이다 보니 틈이 있어서 그 틈으로 식
물의 포자가 날아갑니다. 그러면 거기서 식물이 뿌리를 내려서 자
라요. 그 뿌리가 커지면 탑이 무너져 내려요.

이 놀라운 사진을 보세요. 일제강점기 초반에 찍은 사진입니다.

1915년 경. 분황사 모전석탑의 충격적인 모습

1915년 분황사 서쪽에서 바라본 모습입니다. 나무가 이렇게나 자란 겁니다. 그래서 사진처럼 이게 다 터져서 흘러내리고 무너지게 됩니다. 이걸 다듬어서 일제강점기 때도 수리를 했어요, 그전에 고려시대 때도 수리를 했던 기록이 있어요. 지금의 이런 모습을 갖추게 된 것은 일제강점기 때 수리가 들어간 겁니다. 그러면서 워낙 훼손이 심해 현재의 이 모습처럼 3층으로 마무리해 버린 거예요. 보수공사하고 남은 무너진 돌들이 그 증거인데, 지금부터 한 3~4년 전까지는 이 뒤에 있는 담 옆에 쌓여있었습니다. 그래서 몇 년 전까지는 사람들이 직접 만져볼 수 있었습니다. 지금은 안 보이죠? 담 밖으로 옮겨놨을 겁니다. 이게 사실은 원래는 9층 정도였다는 거죠.

다시 말합니다. 이 탑이 왜 중요하냐면, 석탑으로 넘어가기 전에 전탑과 석탑의 두 가지 요소를 다 갖춘 중간 단계이기 때문입니다. 이런 석탑이 이것 말고는 없습니다. 그래서 국보 중에서도 아주 중요한, 신라 석탑의 시원(始原)을 알 수 있는 탑입니다.

탑의 1층 문 옆의 조각상을 보세요. 저것은 금강역사잖아요. 문마다 둘씩 배치되어 있죠? '아'와 '훔'. 한 쌍씩 각각 4개의 문에 돌아가면서 서 있고 금강역사 옆에 보이는 저 자체가 문(門)이라는

사방에 돌사자가 탑을 지키고 있고, 문 양쪽에는 금강역사가 강인한 모습으로 부처님이 계시는 문 앞을 수호하고 있는 분황사 모전석탑

뜻이죠. 그러니까 이 석탑은 목조건물을 그대로 표현한 것이죠. 실제로 열리는 문은 아니지만 문도 달아놓고 금강역사가 부처님을 지키고 있는 구조죠. 그리고 탑의 가장자리에는 동서남북으로 물개 같은 게 있죠? 사실은 사자입니다. 사자 상 4개가 동서남북을 지키고 있습니다. 재미있는 것은 신라 왕릉에 가도 4마리가 왕의 무덤을 지키고 있죠. 탑과 무덤에 있는 사자 조각상들은 모두 동일한 목적으로 만들어진 것이지요.

이 절과 관계있는 유명한 사람이 누구냐 하면 '원효'입니다. 원효가 죽고 난 다음 세월이 흘러 고려시대가 됐습니다. 고려도 불교의 국가잖아요. 고려의 어느 왕이 원효를 너무 존경해서 신하들을 부릅니다. "원효가 너무나도 훌륭한 분인데 그분에 대해서 아무 칭호가 없었다. 돌아가신 지는 오래됐지만, 우리가 멋진 칭호를 내리자." 그렇게 됩니다.

혹시 왕사, 국사 제도라고 아십니까? 고려는 불교의 나라이기 때문에 훌륭한 스님을 왕의 스승인 왕사(王師), 또 나라의 스승인 국사(國師)로 삼았다고 합니다. 대각국사 의천, 보조국사 지눌이라고 어디선가 들어 보셨죠?. 바로 그분들이 국사입니다. 그래서 칭호를 고민하다가 원효의 사상이 화쟁(和諍)사상이잖아요. 조화롭게 모든 부딪침을 하나로 만들어서 조화를 만드는 이 '화쟁사상'에서 따와서 화쟁국사(和諍國師)라는 명칭을 붙여줍니다. 바로 이 절에 원효가 주지로 있었거든요. 그래서 원효를 기리기 위해서 여기다가 화쟁국사 비(碑)를 세워요. 그런데 세월이 흘러서 그 비는 망실되고 없어졌습니다.

그런데 세월이 흘러 그 비석이 있었다는 것을 증명해낸 사람이 조선말에 나타납니다. 우리나라 최고의 금석 학자, 서예의 대가 추사 김정희 선생입니다. 김정희가 경주에서 와서 한 일이 제법 있거든요. 그분이 이 절에 와서 조사를 하다가 발견한 겁니다.

여기 비석 받침이 있고, 이게 기단입니다. 그 비석은 세월이 지나고 깨져서 사라졌습니다. 여기가 바로 화쟁국사 비석을 꽂았던 자리라는 것을 확인하게 됩니다. 그러면서 김정희는 자기가 친필로 화쟁국사비가 있었다고 여기 글을 새겨놨어요. 잘 안 보이지만 탁본 뜨면 나오거든요. 자세히 보시면 조선 말기에 추사가 직접

분황사 경내에 있는 '화쟁국사비귀부'. 추사 김정희의 친필이 음각되어 있다.

썼다는 此和靜國師之碑趺(차화쟁국사비귀부)라는 한자가 음각되어
있죠.

또 하나 이 절에서 빼놓을 수 없는 볼거리가 저기에 있는 우물입
니다. 저 우물의 이름이 뭐냐면 '삼룡변어정(三龍變魚井)'입니다. 용
세 마리가 변한 우물이라는 뜻입니다.

신라 우물 중에서 가장 빼어난 걸작인
'삼룡변어정'. 큰 바위를 정으로 구멍을
내고 다듬어서 만들었다.

여기에도 전설이 있어요. 신라
에 원성왕이라고 있어요. 그 유명
한 '괘릉'의 주인입니다. 삼국유사
에 나오는 원성왕 때의 이야기인
데, 그때 당나라에서 사신이 왔다
고 그래요. 당나라 사신 수행원
중에 '하서국'이라는 나라의 외국

인이 있었다고 그래요. 그들이 신라에 온 목적이 따로 있었답니다. 아시다시피 신라하고 당나라하고 사이가 썩 좋지는 않았잖아요. 당나라는 신라가 점점 커지는 걸 원치 않으니까 신라를 견제할 필요를 느꼈다는 거죠. 이들이 어떤 소문을 들었다고 그래요. '신라라는 나라가 번성하는 것은, 신라를 지키고 있는 호국용이 세 마리가 있기 때문이다.' 아마 이 세 마리를 잡아 오라는 분부를 들었던 것 같아요. 그래서 사신은 하서국 사람을 시켜 도술을 부려서 이 세 마리의 용을 물고기로 만든 다음에 통에 넣어서 가지고 갔다고 그래요. 그러자 왕의 꿈에 갑자기 여자 두 명이 나타났다고 합니다. 왕의 꿈에 나타나서는 '저희들은 동지와 청지에 사는 용의 아내들인데, 저희 남편들이 여차여차해서 그런 놈들에게 끌려가고 있습니다. 왕께서 제발 막아주십시오.' 그래서 왕이 꿈에서 깨어나서 이런 신화가 만들어집니다. 말을 타고 사신들이 가는 걸 추격해서, '그걸 내놓지 않으면 너희를 죽이겠다'라고 해서 그걸 다시 데리고 와서 우물에 넣어줬다고 합니다. 그중에 하나가 황룡사의 호국용이었어요. 바로 저 우물에 사는 용이었다고 그래요. 물고기는 우물 높이 뛰어오르며 용으로 변하면서 아주 기뻐했다는 이야기가 있습니다. 그 용 세 마리를 다시 풀어준 원성왕이 엄청 대단하다는 아름다운 전설이 또 만들어지는 겁니다. 그러한 전설을 가지고 있는 게 바로 저 우물입니다.

분황사의 우물은 신라 때 만든 우물 중에서 예술적으로 가장 뛰어나다고 저는 생각해요. 지금 여러분이 보고 있는 우물은 그 당시 모습 그대로입니다. 통돌, 그냥 큰 바위를 다듬어서 구멍을 뚫어놓은 겁니다. 그때는 기계도 없었잖아요. 정으로 가운데를 다 파내고, 가장자리를 팔각으로 다듬고, 그 안쪽은 원으로 만들었습니다. 어마어마한 공이 들어갔겠죠? 이 우물은 부분 부분마다 뭔가를 의미하는 상징이 있어요. 우선 외부의 모습은 8각입니다. 팔정도(八正道)라고 들어보셨죠? 불가의 수행 방법 8가지. 그걸 뜻하고, 안에는 원형으로 되어있는데, 원융(圓融). 하나로 통합되는 불교의 원융을 뜻합니다. 그런데 지금 아래 쪽에 있는 안전망 아래를 열면 안에는 사각형이거든요. 이 사각은 불가의 고집멸도(苦集滅道)를 뜻한다고 그래요. 그래서 이게 철학적, 불교적인 것을 다 담아서 만든 의미 있는 우물이라고 그래요.

아까 이야기한 이차돈을 아시죠? 이차돈이니까 당연히 이(李) 씨라고 생각하실 텐데, 진짜 성은 박(朴) 씨고 삼국유사에 따르면 이름이 '염촉(猒髑)'이라고 합니다. 그런데 아까 말씀드린 것처럼 그는 불교를 좋아하다 보니까 목숨을 던져서 불교를 공인받게 만든 사나이로 우리의 뇌리에 각인돼있고, 이차돈이라는 이름 때문에 성(姓)도 이(李) 씨라고 알고 있는데 그렇지 않다는 것을 알려드립니다.

이 절과 관계된 원효스님 이야기를 했는데, 원효라는 사람은 거의 성자에 가까운 사람으로 알고 있잖아요. 그분의 아들 '설총'을 낳게 된 '요석공주'와의 이야기도 있어요. 요석공주는 김유신의 동생인 '보희'와 태종 무열왕으로 알려져 있는 '김춘추'의 딸이었습니다. 왕은 과부가 돼서 홀로 있는 외로운 딸을 위해 짝을 지어주고 싶었습니다. 그 당시 원효는 저잣거리에서 노래를 부르고 바가지를 두드리면서 불교의 대중화에 이바지했던 사람이었습니다. 원효가 어느 날 이상한 노래를 불렀다고 하네요. '누가 나에게 자루 없는 도끼를 주지 않겠는가. 그러면 내가 하늘을 떠받칠 동량을 깎을 것이다.' 이런 노래를 불렀다고 합니다. 자루 없는 도끼와 기둥. 뭔가 상징하는 성(性)적인 부분이 있겠죠. 그 소문을 듣고 왕은 원효가 뜻한 바가 있어서 그러는구나 하고 생각해서 일종의 쇼를 했다고 해요. 우리의 주인공 원효가 하천을 건너올 때 일부러 하천에 빠집니다. 그 부근에 요석공주가 사는 집이 있었거든요. 그래서 그쪽으로 원효를 모셔서 옷을 갈아입히는 과정에서 아름다운 이야기가 만들어지고 그 유명한 천재학자 설총이 태어났다는 이야기가 있습니다.

설총은 신라를 대표하는 학자입니다. 원효와 설총의 이야기를 살펴보면 원효가 설총을 생애에 딱 한 번 만나는데, 그 장소가 여기 분황사라고 합니다. 당시 분황사에 원효가 주지로 있을 때인데, 설총이 찾아왔는데도 원효는 문을 닫고 밖을 안 내다보더라고 하네요. 설총은 한참을 기다렸는데 아버지는 끝까지 안 내다보고…. 딱히 할 일도 없고 마침 가을이라 낙엽이 마당에 떨어져 있어서 빗자루를 들고 그걸 깨끗하게 청소를 했다고 하네요. 그리고 시간이 흘러 한참 있으니까 문을 열고 원효가 나오더랍니다. 설총이 칭찬을 듣겠구나 하고 기다리고 있는데 원효가 '쯔쯔쯧' 하며 '마당은 그렇게 쓰는 것이 아니란다'라고 하면서 나무를 발로 쾅쾅 차드라네요. 그럼 우르르 낙엽이 마당에 떨어지잖아요. 그걸 쓸면서 "마당은 이렇게 쓰는 것이란다."라고 하더랍니다. 사람들은 이걸 큰 가르침이라고 하네요. 해석에 따라 큰 뜻이 있겠죠. 그런 일화가 있는 곳이 거기예요.

이 절엔 전설도 제법 많아요. '천수관음'이라고 하는 손이 천 개 있는 관음보살이 있잖아요. 손이 많은 이유는 사람들을 모두 구제하겠다는 뜻을 가지고 있는데, 이 절에 천수관음의 벽화가 그려져 있었답니다. 삼국유사에 보면 '희명'이라는 여자가 있었대요. 그 사람 아이가 눈이 멀었는데, 천수관음한테 비니까 눈이 떠졌다는 전설도 있고. 이런 신령스러운 이야기를 만듦으로써 이 절을 신격화하는 게 아닌가라는 생각이 들 수도 있죠. 희명이라는 이름도 한자를 해석하면 바랄 '희'(希) 자에, 밝을 '명'(明) 자더라고요. 이렇듯 삼국유사에는 다 뜻이 있는 겁니다.

자, 이제 배고플 시간이니 답사의 꽃인 점심식사를 하러 갈까요?

오전 일정을 끝내고 점심 식사를 위해 들른 식당은 주택가 골목에 숨어 있는(?) 일반적인 외향을 갖춘 백반집이었다. 우리는 별기대 없이 들어간 식당에서 한국 백반집의 단골 메뉴인 '김치찌개'와 '두루치기'를 메인으로 하여 그야말로 맛있게 식사를 하였다. 이 집은 인솔 강사가 혼자 답사를 다니다 추운 어느 겨울 늦은 저

'답사의 꽃', 점심 식사. 이 녀석들, 이 시간만큼은 초집중이다!

녁을 먹으려고 골목을 어슬렁거리다 우연히 찾아낸 식당이라고
한다. 주인장도 친절하고 점심 식사가 만족스러우니 오전의 피로
가 눈 녹듯 사라지고 다가올 오후 일정에 좀 더 집중할 마음이 쓰
나미처럼 몰려왔다. 역시, 답사의 꽃은 식사였다.

이견대

"이젠 신라 통일 이후로 가볼까요?"

점심 식사를 마치고 버스를 타고 토함산을 건너 달려간 곳은 동해가 아름답게 내려다보이는 해안가의 언덕에 자리한 제법 큰 규모의 정자였다. 정자에서 바라보는 해변은 '봉길리'라고 부르는 마을이었으며 해안 가까운 바다 한가운데엔 신령스러운 자태를 자랑하는 바위가 부서지는 파도와 함께 그 위를 나는 갈매기와 벗하여 오랫동안 그 자리를 지키며 한 폭의 그림같이 다가왔다. 우리는 시원한 정자 마루에 엉덩이를 대거나 누워서 오후의 나른함을 시원한 바닷바람으로 씻으며 다시금 재미있는 이야기 세계로 빠져들었다.

신라가 문무왕 때 삼국이 통일이 됩니다. 그 문무왕 아버지가 무열왕입니다. 무열왕을 김춘추라고 부르죠. 신라 역사상 최초로 여왕이 된 선덕여왕을 오전에 이야기했었죠? 그가 죽고 난 다음에 후사가 없었잖아요. 그래서 누가 왕이 되냐면 선덕의 사촌 여동생인 '진덕여왕'이 왕이 됩니다. 근데 진덕여왕이 죽고 난 다음에는 성골이 더 이상 존재하지 않았어요. 이제는 진골 중에서 왕이 되어야 하는데, 과연 누가 왕이 될 것이냐, 이걸 가지고 문제가 생기는 거죠. 그때 가장 뛰어난 능력을 갖춘 자가 바로 김춘추라는 사람이었습니다. 두뇌가 명석하고 외교가로서 수완도 아주 뛰어난 사람이었죠. 당나라에도 갔다 오고 그랬으니까 국제적 식견을 갖춘 사람이었죠. 그리고 그 사람이 왕이 되는 데 결정적인 역할을 한 게 그의 처남이었던 김유신입니다. 강력한 무력을 가지고 있는 사람이죠. 그러니까 두뇌와 주먹의 만남이라고 할 수 있겠지요. 진골로서는 최초로 김춘추가 왕이 됩니다. 바로 우리가 태종 무열왕이라고 부르는 사람입니다.

무열왕 이후 삼국통일이 본격적으로 시작됩니다. 최강의 국가인 당나라를 끌어들이는 거죠. '당과 연합을 해서 백제와 고구려를 멸망시키자' 이렇게 작전을 짠 거죠. 근데 당나라가 그냥 도와주겠습니까? 교과서를 보면 신라 삼국통일의 긍정적인 면과 부정적인 면이 나오는데, 부정적인 면 중에서 가장 강조되는 게 외세를 끌어들여서 통일을 했다는 거죠. 그러니 대가가 필요하지 않겠습니까. 공짜로 도와주는 건 없습니다. 나당연합의 대가로 대동강 이북을 당에 주고, 남쪽을 신라가 차지한다는 합의가 이루어집니다. 그럼 대동강 이북이 어디냐. 어찌 보면 고구려 땅 전부 다입니다. 대동강이 평양에 있잖아요. 그걸 가지고 우리는 당연히 비난하죠. 그런데 역사라는 게 시대상을 벗어날 수가 없습니다. 당시의 시대로 거슬러 올라가면 신라 입장에서는 민족 자주의 문제가 아니라, 생사의 문제입니다. 그때 고구려, 백제의 공격으로 신라가 계속 위축되고 있었거든요. 결국은 살아남기 위한 방편인데, 결론적으로 민족 전체로 보면 부정적인 측면도 있죠. 하지만 그들의 입장으로 볼 때는 살아남기 위한 최후의 수단이었다는 겁니다. 엄밀하게 말하면 당시엔 민족국가라는 근대적 국가 개념이 존재하지도 않을 때입니다. 그래서 아시다시피 '나당 연합군'이 결성이 된 거죠. 바다 건너 당나라 군이 밀려오고, 육지에서는 밑에부터 신라가 올라가는 겁니다. 김유신이 이끈 5만 군대가 올라가고 소정방이 이끄는 당나라 군대 13만이 배를 타고 바다를 건너와 양쪽이 협공해서 백제를 멸하자는 계획이었죠.

현재 대부분 사람들은 그들의 작전을 잘 몰라요. 교과서적인 이야기는 열심히 싸워서 그냥 백제를 멸망시켰다 하고 끝나는데, 그게 아니고 그들의 작전이 그 당시로서는 굉장히 위험하면서도 굉장히 효과적인 작전이었습니다. 어떤 작전이냐면, 다른 것은 필요 없다. 상륙하자마자 무조건 수도까지 치고 들어간다는 닥공(닥치고 공격)작전입니다. 보통 전쟁이라는 것이 전선을 형성하며 영토를 확장하면서 들어가잖아요. 그런데 그게 아니라 그냥 일직선으로 서서 무조건 수도로 치고 들어가 점령한 다음에 왕을 잡으면 끝나는 게임을 한 겁니다. 그러니까 좀 모험을 한 겁니다. 사실은 그 모험이 성공을 해서 백제가 망한 거예요. 그런데 그게 굉장히 위험한 작전입니다. 만약 시간이 좀 길어졌더라면? 그런 작전은 신속을 요해요. 왜냐? 시간이 길어지고 왕성을 빨리 함락 못 시키면 지방의 군대들이 도와주러 오거든요. 그렇게 포위당하면 끝인 거죠. 그러니까 급하게 양쪽에서 신라와 당이 함께 백제의 수도인 사비성을 바로 친 겁니다. 결국에 그 작전이 성공을 해서 백제가 멸망하게 되는 겁니다. 상식적으로 알고 계시는 분도 계시지만 백제가 멸망할 때 어디서 멸망했느냐 하면, 그때 수도가 사비성. 지금의 부여입니다. 앞에서 이야기했지만 원래 백제라는 나라가 고구려 장수왕의 남진 때문에 수도를 빼앗기면서 도망을 쳐서 공주까지 피난을 갑니다.

그 당시 이야기를 해 줄게요. 당시 백제의 왕은 '개로왕'이었습니다. 고구려 장수왕이 남진을 해서 백제를 공격해요. 그러자 개로왕이 성을 지키면서 왕자 '문주'를 보냅니다. '빨리 신라에 가서 도와달라고 해라.' 그게 바로 나제동맹이죠. 그래서 문주가 지원군을 데리러 신라로 달려 내려갑니다. 그리고 신라의 지원군을 이끌고 수도로 다시 올라왔어요. 올라가니까 이미 아버지는 죽임을 당하고, 수도는 빼앗기고. 그래서 수도를 급하게 옮긴 게, 사실은 그때 왕이 죽었으니까 백제가 멸망을 했는데, 나라를 다시 세우는 거죠. 그래서 공주로 내려와서 거기서 급하게 나라를 다시 만든 겁니다.

공주는 옛날에 웅진이라고 불렀거든요. 웅진이라는 의미는 곰 웅(熊) 자, 나루터 진(津) 자 해서 원래 우리말로 풀이하면 '곰나루'

라고 부릅니다. 공주에 한번 가보면 수도를 옮긴 이유를 바로 알 수 있어요. 답사가 중요한 게 뭐냐고 하면, 백 번의 설명보다 그 장소에 직접 가보면 눈으로 알 수가 있다는 거죠.

공주에 가보면 눈에 그것이 바로 들어옵니다. 당시의 왕성인 '공산성'이라는 성이 있고 성 바로 앞에 '금강'이 놓여 있습니다. 넓은 금강을 사이에 두고 그 강 건너가 북쪽이잖아요. 고구려를 피해 내려왔다는 것이 거기를 가면 바로 증명이 되거든요. 북쪽의 침략에 대비하여 강을 건너 남쪽 공산성에 왕성을 정한 것이….

그런데 급하게 피난 내려오다 보니, 사실은 그곳은 수도로서의

금강을 북쪽에 두고 만들어진 공주의 '공산성', 고구려의 침입에 대비한 의도가 보인다.

여건이 부족한 곳이었거든요. 그래서 몇 십 년 뒤에 다시 옮기는데, 그게 마지막 수도인 사비. 지금의 부여가 됩니다. 거기로 수도를 옮기면서 다시 백제를 일으킨 사람이 바로 성왕(聖王)입니다. 그래서 백제가 다시 융성해지고 신라 진흥왕이랑 연합해서 고구려를 공격하다가 결국에는 배신당해서 죽은 그 왕입니다.

다시 이야기가 백제 멸망 당시로 돌아갑니다. 나당 연합군의 공격으로 사비가 함락당하는데, 마지막 왕이 누구였냐 하면, '의자왕'이잖아요. 사실은 그 사람은 사비에서 항복한 게 아니고, 사비에 있다가 웅진(공주)으로 탈출했습니다. 탈출을 했다가 거기서 부하에게 배신을 당하는 겁니다. 내분이 일어난 겁니다. 기록에 보면 '예식'이라는 장군이 있었거든요. 그 장군이 "전하, 끝났습니다. 이제 항복합시다." 했는데도 항복을 안 하니까, 왕을 잡아서 투항을 하는 거죠. 그래서 의자왕과 백제는 거기서 끝나버린 겁니다.

사민(徙民)정책이라고 들어보셨습니까? 고대에 많이 쓰던 전법인데, 사민정책이 뭐냐면, '사'가 이사한다 할 때 사 자입니다. '민'은 백성을 뜻하고, 즉 백성을 이주시킨다는 거죠. 무슨 뜻이냐면, 백제를 멸망시킨 다음에 당나라는 백제를 그대로 두면 또 반란이 일어나고 재기를 도모를 할 거 아닙니까? 소위 말하는 지도부들을 몽땅 파서 자기 나라로 옮겨버린다는 겁니다. 그래서 의자왕을 비롯한 귀족과 지도부 만여 명을 몽땅 당나라로 데리고 가버려요. 그럼 여기에는 껍데기만 남는 거잖습니까. 옛날에는 망한 나라가 재기를 도모하지 못하게 그런 정책들을 쓴 겁니다. 백제는 밑둥치부터 잘려 나간 거죠. 물론 부흥 운동도 일어나지만 다 실패해요. 그렇게 되면서 이제 백제가 멸망을 합니다. 백제를 멸망시킨 게 660년입니다. 그때 신라의 왕이 바로 김춘추, 태종 무열왕입니다.

무열왕은 백제가 멸망한 다음에 곧 죽어버립니다. 갑자기 죽어버려요. 그러고 나서 왕이 된 사람이 문무왕입니다. 무열왕 김춘추의 첫째 아들 김법민. 그 사람이 왕이 돼서 668년에는 고구려마저 멸망시킵니다. 그러고 난 다음에 어찌 되느냐. 이제 대가를 치러야죠. 동맹을 맺을 때, 당나라에 대동강 북쪽을 준다고 그랬죠. 근데 대동강 북쪽만 갖고 떨어진 게 아니고, 사실은 한반도를 다

삼국통일의 시동을 건 군주 태종 무열왕 '김춘추'의 릉

차지하려고 그런 거였잖아요. 그래서 그때서야 신라는 '아이고 속 았구나, 한판 붙자.' 이게 바로 '나당전쟁'이라는 겁니다. 그래서 그 나당전쟁에서 여차여차해서 승리를 거둬요. 유명한 '매소성 전투', '기벌포 전투'가 이때 벌어지거든요. 그 전투에서 큰 승리를 거두면서 결국 대단원의 막을 내리고 676년이 돼서야 통일이 됩니다. 그걸 완전한 통일이라고 부릅니다. 그게 바로 문무왕 때 있었던 일입니다.

그럼 한 번 물어봅시다. 솔직히 당나라하고 신라하고 싸우면 누가 이길까요? 국력으로 보면 당나라가 당연히 이기겠죠. 세계 최강인데. 근데 신라가 당나라를 물리쳤단 말입니다. 어떻게 해서 그게 가능했을까요? 그 생각은 안 해봤죠? 사실은 깊이 있게 들어가봐야 해요. 당나라가 세계적인 대국이었잖아요. 그때 당나라는 '토번', 지금의 티베트 쪽이랑 전쟁을 하고 있었어요. 동, 서 양쪽의 전쟁을 하고 있었던 겁니다. 동으로 신라와 전쟁, 서로는 토번과 전쟁. 근데 토번 애들이 엄청나게 강했거든요. 이게 터지다 보니까 아무리 당나라라고 해도 양쪽 전쟁을 하려니 힘이 달리는 겁니다. 결국 여기 파견된 군대들을 저쪽으로 이송을 시켜야 해요. 그러니까 사실은 신라가 토번보다는 만만하지만, 토번 쪽이 더 급하다 보니 결국은 이쪽 걸 빼서 그쪽을 막아야 하는 격이기 때문에 결국에는 그쯤에서 합의를 보고 끝내버립니다. 그렇게 해서 신라는 전쟁에서 승리를 거두고 나당전쟁과 삼국통일은 대단원의 막을 내리게 되는 거지요.

이때부터 통일된 신라가 만들어지죠. 이 통일신라가 발전하면서 본격적으로 체제를 갖추면서 기틀을 갖추는 게, 문무왕의 아들 때입니다. 그 왕이 한 위대한 업적은 신문에 나와 있어요. 바로 '신문왕'입니다.

이제부터는 신문왕 때 있었던 이야기를 하지요. 통일의 군주 문무왕이 죽었습니다. 이 '감은사'는 사실 문무왕 때 만들기 시작했거든요. 그러다가 완공되기 직전에 죽었어요. 그게 781년인가 그럴 거예요. 그리고 난 다음에 이 사건이 벌어지는 겁니다. 여기서 어떤 일이 있었느냐면, 그때 이상한 소문이 들립니다. 동해 바다에 섬이 하나 떠다니더라. 거북이 모양의 그 섬에는 대나무가 있는데, 낮이 되면 두 개인데, 밤이 되면 하나로 합쳐지더라 하는 이런 이야기가 있었습니다. 그 소문을 듣고 기이하다고 여긴 신문왕이 서라벌에서 이곳으로 행차를 했습니다. 저기에 있는 높은 토함산을 넘어서 말이죠.

여기서 퀴즈를 하나 내겠습니다. 항상 제목에 집중하라고 그랬죠? 토함산(吐含山)을 왜 토함산이라고 부르는지 압니까? 심각하게 듣지는 마시고, 가볍게 하는 이야기입니다. 사실은 뜻을 알고 보면 진짜 이름이 멋집니다. '토(吐)', 토한다는 말, 즉 뱉어낸다는 말입니다. '함(含)'은 머금는다는 말입니다. 그러니까 이 산이 동해의 안개나 구름 이런 것을 머금었다가 토하는 뜻을 갖고 있는 겁니다. 동해에서 올라오는 햇볕의 영향을 받아서 그 모든 기운을 모아서 안개가 꼈다가 걷히겠지요. 그게 바로 산이 그것을 토하고 머금고 하는 작용으로 본 것이죠. 이름이 참 멋지죠? 그런 이름들을 가진 지명들이 꽤 많아요. 지명을 보면 그곳을 알 수 있잖아요.

여러분이 사는 동네도 이름을 보면 어떤 동네인지 알 수 있습니다. 예를 들면, 부산의 사직동이 왜 사직동이죠? '종묘사직'이라고 들어봤죠? 종묘사직이 국가 전체를 의미하잖아요. 서울에 가보면 경복궁이 있잖아요. 경복궁을 지을 때 그랬어요. 동쪽에는 '종묘'를 짓고 서쪽에는 '사직단'을 지은 겁니다. 종묘는 아시다시피 조선 왕들이 자기들 조상신을 모신 곳이잖아요. 사직(社稷)이라는 말은 '사'가 토지 신, '직'이 곡식 신을 말하는 겁니다. 당시는 농경사회잖아요. 그런 시대엔 토지와 곡식의 신은 엄청나게 중요합니다. 이 두 개를 합쳐 바로 국가라는 의미로 보는 종묘사직(宗廟社稷)이라 하죠.

사직단은 서울에도 있었고, 지역마다 있었어요. 부산의 그 동네는 사직단이 있었기에 사직동이라고 합니다. 혹시 구체적으로 어디 있었는지 아십니까? 사직 지하철역 있지요? 사직 지하철역 4번 출구 쪽에 있는 돼지국밥집 옆 골목으로 올라가면, 대건 성당이 나오고 그 성당 앞이 언덕으로 되어있습니다. 그 언덕을

표지석만 남아있는 부산 사직단. 사직동의 유래가 여기에 있다.

올라가면 언덕 끄트머리에 사직단이 있었어요. 정확하게 말하면 지금 거기에 가면 표지판만 남아있어요. 최근엔 그걸 복원할 거라고 하더군요.

그럼, 문제를 하나 더 낼게요. 거제동은 왜 거제동일까요? 일제 강점기 때, 온천천에 비가 오면 자주 범람이 되기 때문에 그쪽에 거(巨)대한 제(堤)방을 쌓았습니다. 그래서 거제동입니다. 토함산이란 산도 아까 말한 그런 깊은 뜻을 가지고 있는 거죠.

신문왕은 그 토함산을 넘어서 감은사에서 하루를 숙박을 했어요. 그런데 이번엔 갑자기 낮에 대나무가 합쳐지는 거예요. 원래 밤에 합쳐져야 되잖아요. 합쳐지자마자 하늘이 어두워지더니 '우르르 쾅쾅'하고 천둥 번개가 치고 비가 내렸다고 합니다. 지금으로 치면 집중호우가 되겠죠? 그래서 왕이 절에서 못 나오고 있었다고 하네요. 그러다가 일주일이 지난 다음에 날이 오늘처럼 화창하게 맑아졌더랍니다. 그래서 섬이 떠밀려왔다던, 여러분이 있는 바로 이 장소로 왕이 행차를 했어요. 왕이 바라보니까 섬이 이 앞에 있더랍니다. 섬에 배를 타고 들어가 보니까 '펑' 하고 용이 한 마리 나타나더니 왕에게 검은 옥대를 선물로 바치더랍니다. 왕이 고마워하면서 용에게 물어봤다고 합니다. '듣자 하니 이 대나무가 낮에는 두 개였다가 밤에는 하나로 합쳐지는데 이게 무슨 뜻이오?' 용이 또 그냥 용이 아니잖아요. '여러분, 손을 펴서 박수를 쳐보세요. 손뼉은 마주쳐야 소리가 나는 것입니다. 대나무가 하나로 합쳐졌습니다. 이 대나무로 피리를 만드십시오. 그러면 그 이치처럼 전하께서는 소리로서 세상을 다스리실 겁니다. 세상을 편안하게 하실 것입니다.' 삼국유사를 보니까 왕이 고마워서 용에게 금은보화 선물을 주었다고 합니다. 그 대나무를 얻어 와서 피리를 만들었대요. 그게 바로 유명한 '만파식적(萬波息笛)'이거든요. 이 피리를 불면 가뭄이 들 때는 비가 오고, 반대로 비가 올 때는 비가 그치고, 전염병이 돌 때는 전염병이 물러가고, 적이 쳐들어오면 적이 물러가는 마법의 피리였답니다. 만 개의 파도(萬波)를 휴식(息)시키는 피리(笛). 그러니까 만 개의 풍상, 즉 근심을 모두 멎게 하는 피리라 해서 '만파식적'이라고 불렀답니다. 신라는 이 피리를 수장고에 소중히 보관하여 보물로 모셨다고 하네요. 일본 왜왕이 그걸 알고 빌려달라고 해도 거절을 했다고 하고 이 피리는 너무나 신비로워서 피리가 서라벌에서 한 발자국이라도 밖으로 나가면 소리가 안 났답니다. 정말 영특한 피리죠? 지금 그 피리는 어디로 갔는지는 모르겠습니다만…. 이곳이 만파식적의 전설이 있었던 곳이고 여기를 이견대(利見臺)라고 부르는데, '이'가 이로울 리(利), '견' 자가 볼 견(見) 자입니다.

용은 하늘에 있는데 대인을 만나기가 쉬운 곳이다. 여기서 용을 만나서 중요한 것을 획득했다는 의미이겠지요? '비룡재천 이견대인(飛龍在天 利見大人)' 이 말은 주역에 나오는 말이랍니다. 그래서 여기에 이견대라는 이름을 붙였다고 합니다.

그런데 문무왕이라는 사람은 신문왕 앞의 아버지라고 그랬죠?

문무왕이 죽을 때 유명한 유언을 남겼잖아요. '내가 죽으면 화장을 하여 동해바다에 뿌려라.'라고 하니까 '전하 왜 그러십니까?'라고 물었더니 '나는 용이 될 것이다.' 그래서 다시 묻기를 '용은 미물이온데, 어째서 용이 되려고 그러십니까?' 하니까, '나는 용이 되어서 바다를 건너오는 왜적을 물리치겠다.' 왕의 평생소원인 왜적으로부터 나라를 구한다는 갸륵함을 담고 있다고 하네요. 왕의 화장한 뼈를 뿌린 산골처가 바로 저기 보이는 바다 가운데 있는 바위이고 그래서 우리가 저 바위를 대왕암(大王岩)이라고 부른다는 겁니다.

실제로 저 바위에 가보면 인공적으로 판 듯한 수로가 있다고 그래요. 열십자처럼 파서. 거기에 뼈를 뿌린 곳이라며 산골 처라고

용이 된 문무왕의 전설을 간직한 봉길리 바닷가의 '대왕암'

그래요. 문무왕은 저곳에서 용이 되어서 이 동해 바다를 지키고 있다는 건데. 아침 일찍 여기에 오면 바닷가에 사진작가들이 엄청 와있어요. 대왕암 위로 일출 뜨는 게 참으로 멋지거든요.

사실 삼국유사에 나오는 이런 이야기는 해석이 필요한 이야기입니다. 물론 재미로 읽을 수는 있겠지만, 깊은 뜻을 알려면 어느 정도의 수준이 있어야 되지 않겠는가 생각합니다. 역사적인 배경지식도 필요하고요. 신문왕이 왕이 됐을 때 어떤 일이 있었느냐 하면. 그 당시에는 왕정시대이었기 때문에 왕과 귀족 간의 세력 싸움이 자주 일어납니다. 누가 세냐? 그걸 가지고 엎치락 뒤치락이에요. 왕권이 세다, 신하가 세다. 왔다 갔다 하는데, 결국에 통일을 하고 난 다음에 문무왕을 거쳐 신문왕이 되면서 전제왕권을 강화할 필요성을 느꼈을 겁니다.

안정된 통치기반이 완성되는 거지요. 신문왕이 즉위하자마자 반란이 발생합니다. '김흠돌'의 난이 일어났는데, 김흠돌이 누구였냐면, 신문왕의 장인입니다. 그러니까 인생 도처에 온갖 복병들이 다 있는 거예요. 왕은 김흠돌의 난을 진압을 해요. 이 김흠돌은 어머니가 김유신의 여동생입니다. 즉, 김흠돌은 김유신의 조카로서 어마어마한 가문인 거죠. 역사기록엔 반란에 대한 명확한 이유가 나와 있지 않는 것으로 보아 제 생각에는 왕권강화를 위해 기존 귀족세력을 치기 위한 신문왕의 전략이 아니었나 생각이 들어요. 그 김흠돌의 난을 계기로 기존 세력에 대한 대규모 숙청이 이루어지고 왕권을 굉장히 강화시킵니다.

　왕권을 강화시키는 과정에서 어떤 스토리가 필요합니까. 방금
즉위했으니 아직 세력 기반이 약하잖아요. 왕권을 강화시키기 위
해서는 뭔가 그럴듯한 장치가 필요한 겁니다. '나는 대단한 왕이
다. 평범한 왕들과는 상대가 안 되는 엄청난 왕이다.'라는 스토리
를 만들어야 합니다. 그래서 이러한 이야기가 만들어졌다고 상상
할 수도 있습니다.

　용이 와서 왕에게 신기한 것을 바친다, 용이 답례로 금을 받았
다? 금을 좋아하는 용이라…. 그러니까 사실은 그 용이라는 것이
아라비아 장사꾼이 아닐까 생각합니다. 모양이 이상하게 생긴 악
기를 하나 줬겠죠. 추론이 가능한 이야기예요. 사실 우리가 알고
있는 '처용'도 아라비아 사람이라고 그러잖아요. 처용무 할 때 쓰
고 나오는 탈도 자세히 보면 우리나라 사람 얼굴이 아니잖아요. 처

용도 어찌 나타나느냐면, 용으로 나타나거든요. 아버지하고 아들 용들이 나타나서 춤을 추다가 왕을 따라 신라 도성에 온다고 되어 있습니다. 그런 식으로 해석을 하면서 당시의 역사적인 사실을 우리는 어느 정도 추론할 수 있을 겁니다.

자, 이젠 감은사로 이동할까요?

감은사

감은사는 신문왕이 삼국통일의 은혜, 아버지 문무왕이 물려주
신 은혜에 감동하면서 감은사(感恩寺)라는 이름을 지었다고 그럽니
다. 이름 자체가 그렇게 출발하지요. 효심이 가득한 절이라고 보면

삼국통일을 완성한 아버지 문무왕의 은혜에 감사하며 신문왕 때 완공된 '감은사'. 거대한 쌍
탑을 향해 가파른 계단을 올라가면 중문 터가 나온다.

되는데, 절이 만들어지고 난 뒤 아까 말씀드렸다시피 바로 그 전설이 생긴 겁니다. 완공되자마자 저기에 섬이 떠 내려와서 신문왕은 용을 만나서 만파식적을 얻었다는 아름다운 이야기…. 이런 장치들이 삼국유사를 보니까 몇 개 나오더라고요.

신라에는 3보(三寶)가 있었습니다. 신라의 보물 3개라는 뜻인데, 우리가 오늘 두 개를 이미 봤습니다. 그게 뭘까요? 황룡사 9층 목탑. 또 하나는 같은 절에 있던 장륙존상. 우리가 오전에 갔었잖아요. 금당에 석조 좌대만 남아 있었던, 아소카왕이 설계도를 줘서 만들었다는 불상 그리고 황룡사 9층 목탑, 그것도 지금은 사라지고 없죠? 그게 당시에 신라 3보 중에 2개였고, 나머지 하나가 뭐였냐 하면, '진평왕 천사옥대(天賜玉帶)'라고 있습니다.

진평왕이 즉위했을 때, 하늘에서 천사가 내려와서 하늘에서 주는 것이라면서, 옥으로 만든 요대를 줬다는데 그것을 진평왕 천사옥대라고 부릅니다. 그것이 신라의 3대 보물입니다.

자, 그러면 주목을 할 게 있습니다. 진평왕과 선덕여왕은 통일 이전의 왕입니다. 그 사람들은 내물왕의 후손들입니다. 우린 통상 내물왕계라고 불러요. 그러다가 아까 말씀드린 대로 여성 왕 둘이 즉위하면서 성골이 없어지니까 진골이 왕이 되지요. 진골로서 최초로 왕이 된 사람이 김춘추이잖아요. 그러면서 이제 왕의 집안이 바뀝니다. 내물왕 집안에서 무열왕 집안으로 왕이 바뀌게 된 겁니다. 같은 김 씨(金氏)이지만 그 안에서도 방계가 나누어지게 됩니다. 내물왕계가 아니라 무열왕계가 만들어진 것이지요. 그럼, 이 신문왕은 무열왕의 손자잖아요. 그렇다면 진평왕의 이야기는 왕권을 강화하기 위해서 만든 장치일 수 있습니다. '하늘이 나를 돕는다. 나는 하늘이 돕고 하늘이 지키는 왕이기 때문에 나에게 도전한다는 것은 하늘에 도전하는 것이 된다'는 것이겠지요. 그런데 이제 가문이 무열왕 계로 바뀌게 되었단 말입니다. 그래서 이전 귀족들이 도전을 막 하겠죠? 그럼, 나도 뭔가 아름다운 이야기를 만들어 내야겠죠? 우리도 범상치 않은 가문이라는 거를. 그래서 용이 출현하면서 만파식적을 얻게 된다는 비범한 이야기. 그런 식으로 해석하면 이게 맞아떨어지는 거죠.

그러면서 이 절이 완공되면서 또 하나의 미담이 필요해요. 또 어마어마한 장치가 나타나게 되는 거죠. 신문왕 아버지가 용이 됐잖아요. 호국용이 돼서… 저기 멀리 봉길리 쪽을 보면, 집들이 보이죠? 옛날에서 저 집들이 없었겠죠? 바로 바다가 보였겠죠? 그러면 저기 있는 바다에서 용이 바다를 지키고 있다가 밤에는 잠을 자러 들어와야 되잖아요. 아버지를 위해서 지었다는 여기 이 절로...

아까 우리가 계단을 올라왔죠? 여기 올라온 게 남쪽입니다. 반대로 저쪽이 북쪽이겠죠? 절 배치의 기본은 오전에 이야기한 대로 남북일직선 배치입니다. 남쪽 계단으로 올라와서 여기를 보면 여러분 뭐가 있습니까? 회랑이 사각형으로 둘러싸고 있는 겁니다. 그럼 이 중간에 중문이 하나 더 있는 겁니다.

여기 그림을 보면 절이 어떻게 구성되어 있는지를 알 수 있습니다. 가운데 금당이 있겠지요? 그것을 중심으로 뺑 둘러싸는 회랑

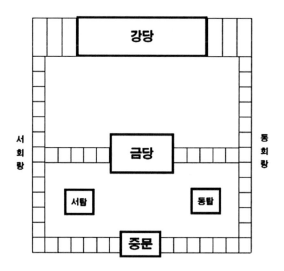

감은사 복원 추정도 중문을 들어서면 '쌍탑'과 '금당'이 나타나는 완성된 형태의 전형적인 절 모습이다. 이 절에서도 회랑(지붕 있는 복도)이 절을 둘러싸고 있음을 알 수 있다.

이 외곽에 있습니다. 그리고 이 회랑은 중간에도 금당으로 연결되어 있지요? 이게 바로 신라 가람구조의 특징입니다. 불국사도 구조가 이렇게 돼 있습니다. 금당으로 비 안 맞고 바로 갈 수 있도록 회랑에 둘러싸여 있습니다. 우리가 서 있는 바로 여기가 중문입니다. 아까 우리가 황룡사 갔을 때도 같은 구조였죠. 그리고 중문을 통과하면 뭐가 있었죠? 탑이 있었죠. 그런데 드디어 탑이 쌍탑으로 바뀝니다. 아까 오전에 봤던 절들은 탑이 하나였죠? 일 탑이었습니다. 분황사에서 우리가 봤던 탑은 석탑은 석탑이지만 그게 전탑의 형식을 가지고 있었죠. 그래서 모전석탑인데, 이제는 완벽한 진짜 석탑의 형식을 갖추고 있습니다. 학생들한테 이 탑이 몇 층이냐 물어보면 보통은 5층이라고 그래요. 그런데 아까 제가 말했잖아요. 이 탑을 만든 목적은 부처님의 사리를 모시기 위해서라고. 탑은 부처님이 사는 집입니다. 기와집이 몇 채인가 보세요. 처음에 탑 만들 때 뭐로 만들었다고 그랬어요? 목탑. 목탑이 어떤 거냐 하면, 절에 가면 기와집으로 만든 대웅전 있죠? 그 대웅전을 몇 층으로 올려놓은 겁니다. 지붕이 5개 있으면 5층이고 이런 식입니다. 무슨 말인지 알겠죠? 이 탑은 지붕이 3개이니 3층 석탑이지요.

그리고 지붕 밑에 주름이 5개 잡혀있죠? 우리가 대웅전 가보면 처마 밑에 공포가 구성되어 있잖아요. 그걸 단순화시켜서 만들어놓은 거예요. 돌로 저걸 다 만들 수는 없잖아요. 그래서 단순화시켜서 5단 주름으로 쌓아놓은 겁니다. 그걸 우리는 옥계받침이라 부르지요.

상륜부

탑신부

기단부

신라 석탑의 기본 구조

1층을 보면 가장자리에 기둥처럼 수직 양각이 돼 있죠? 대웅전에 가면 문 옆에 나무 기둥 있잖아요. 그걸 형상화 시켜놓은 겁니다. 중간에 문은 없죠? 문은 그냥 단순화시켜서 없앴는데, 어떤 탑은 문을 조각해놓은 것도 있어요. 고선사지 석탑이

드물게도 완벽한 모습의 상륜부가 남아있는
남원 실상사의 삼층석탑

그렇게 생겼는데, 그 탑엔 문고리까지 조각해서 만들어놨습니다.
그러니까 이게 집을 형상화 시켰다는 것을 알 수 있는 것이지요.

그럼 이것부터 보도록 하겠습니다. 탑이라는 것을 어떻게 봐야
하는가? 우선 탑은 크게 세 부분으로 나눕니다. 사람도 그렇지요?
머리, 몸통, 다리. 마찬가지입니다. 상륜부, 탑신부(탑의 몸이라는
뜻), 기단부(기초라는 뜻) 이렇게 나눕니다. 자 그럼 볼까요? 저게 기
단입니다. 기단은 집의 기초받침이니 지붕이 없습니다. 하부기단,
상부기단으로 보통 기단은 2층입니다. 밑에 기단은 좀 낮고 평평
하고, 위에 기단은 좀 높이가 있습니다. 그리고 그 위로 1층, 2층,
3층으로 탑신이 되어있고, 그 위에 큰 쇠꼬챙이가 꽂혀 있죠? 찰

주라고 부르는데 이게 뭐냐면 아까 윗부분이 상륜(相輪)부라 그랬죠?

상륜부가 어떤 것이냐면, 석가탑이나 다른 탑을 보세요. 이 위에 동글동글하게 돌이 꽂혀있었잖아요. 그것들을 중간에 끼우는 쇠기둥입니다. 돌을 중간에 파 가지고 쇠꼬챙이에 끼워 넣은 거예요. 그러면 이 상륜부의 특징은 어떻겠어요? 약하죠. 돌에 구멍을 내서 꽂아 넣었잖아요. 그런데 오래되면 이 돌이 깨져서 터져버리겠죠? 그래서 지금은 없는 겁니다. 원래는 사진에 있는 것처럼 이런 식으로 다 있었는데, 약한 부분은 터져나가고 없고, 저 쇠만 남아있는 겁니다.

저 쇠가 바로 681년의 신라 때의 쇠입니다. 그럼 다른 탑에는 왜 쇠 같은 게 없느냐. 다른 탑은 작죠? 사람들이 빼서 가져가기 좋잖아요. 옛날에 다 빼가버리고, 탑도 다 무너트려서 건축자재로 쓰고 그랬어요. 조선시대가면서 숭유억불이 되면서 불교가 억압되었습니다. 결정타가 그것입니다. 아무튼 그렇게 탑은 상륜부, 탑신부, 기단부. 이렇게 크게 세 부분으로 나뉩니다.

처음에는 목탑이었죠? 목탑은 목조 건물이라고 그랬잖아요. 그럼 목탑은 크기가 어떻겠어요? 사람이 들어가서 사는 건물이니까 엄청나게 컸습니다. 오늘 아침에 황룡사에 가봤죠. 엄청 컸어요. 그런데 이 목탑의 단점은 썩거나 불에 타거나 하잖아요. 그래서 사람들이 이제 돌로 만듭니다. 그런데 돌로 처음 석탑 만들 때는 뭘 보고 만들었겠어요. 목탑 보고 만들었겠지요? 그러니까 최

일제 강점기의 미륵사지 석탑. 파손이 심한 상태이나 압도적 스케일을 자랑하며, 목탑의 모습을 최대한 반영하여 만들어졌음을 알 수 있다.

대한 목탑에 충실하려고 했을 겁니다. 최대한 목탑에 가깝게 만들려고 크게 지었어요. 그런데 돌로 짓는데, 그게 어디 하루 이틀이겠습니까? 그래서 탑이 간략화되면서 작아지기 시작합니다.

그러면 여기서 퀴즈 내겠습니다. 삼국시대에 만들어진 최초의 석탑은? 네, 그렇습니다. 백제의 '미륵사지 탑'입니다. 최근에 미륵사지 탑을 10년 정도 해체 공사를 해서 지난달인가, 이번 달인가에 끝냈습니다. 익산에 있는 미륵사지 탑에 가보면 일단 규모가 어마어마하게 큽니다. 입이 딱 벌어집니다. 엄청 크다 보니 돌도 많이 들어갔겠죠. 사용된 돌의 개수도 어마어마하게 많습니다. 진짜 목탑을 닮았습니다. 최대한 목탑에 가깝게 하기 위해서 돌로 창문을 만들기도 하고…. 근데 세월이 흐르다 보니 점점 간략화됩니다.

감은사지 석탑 옥계받침의 모습. 5단의 받침이 선명하다.

그래도 이 감은사지 석탑은 엄청 큰 편이에요. 신라 석탑 중에서 제일 큰 겁니다. 처음에는 최대한 크게 만들었겠죠. 세월이 갈수록 작아집니다. 혹시 범어사에 가봤습니까? 범어사 석탑은 작잖아요. 갈수록 작아집니다. 불국사의 석가탑은 이거보다는 작고 범어사 석탑보다는 크고. 크기로 보면 알 수 있어요. 다는 아니지만 일반적으로 탑이 작아지면 시대가 내려오는 거예요. 그럼, 이 세 탑은 만들어진 순서가 감은사 탑, 불국사 탑, 범어사 탑의 순서가 되는 것이지요.

그다음에는 저기 지붕돌이 있지요? 지붕돌을 한자로는 옥개석이라고 합니다. 옥 자가 집 옥(屋) 자잖아요. 집 위를 옥상이라고 부르잖아요. 가옥할 때 옥 자입니다. 개(蓋)는 덮는다는 뜻인데, 지붕을 덮는다고 옥개석이라고 합니다. 옥개석 밑에 부분을 보세요. 받침이 있죠? 주름이 몇 개 있습니까? 5개입니다. 초창기의 탑은 주름이 5개입니다. 자, 그럼 대략 여기 감은사가 만들어진 것이 언제죠. 7세기 말입니다. 그러면서 8세기로 넘어가면서 8세기 중반이 되면 우리나라 통일신라의 문화가 가장 번성합니다. 모든 것이 정비되고 완성이 됩니다. 석탑도 조금 작아지면서 균형이 점점 갖추어지기 시작해요.

그 최정점에 있는 탑이 바로 석가탑입니다. 그 석가탑을 정점으로 그다음은 점점 균형이 빠져가기 시작합니다. 우리가 등산을 하면 그렇잖아요. 산을 다 올라가면 내려가야 돼요. 파도도 치다가 내려가요. 문화도 마찬가지입니다. 올라갔다가 정점에 다다르면 내려갑니다. 국가도 마찬가지예요. 발전하다가 정점에 다다르면 바닥으로 가는 겁니다. 바닥을 찍으면 다시 올라가는 겁니다. 로마제국도 그랬고, 영원한 나라는 없었잖아요. 그것처럼 문화도 그래요. 신라가 최정점을 찍는 게 8세기 중엽, 불국사 완공을 기준으로 합니다. 그 후 꺾어 내려오는데, 시대가 내려오면서 옥개 받침이 하나 줄어듭니다. 4개가 되어버린 것이지요. 크기도 더 축소되고 균형도 점점 잃어가게 됩니다. 이 감은사지 석탑은 우리나라 신라의 역사에 있어서 통일 초창기. 그야말로 본격적 석탑의 시대를 여는 아주 가치 있는 국보입니다.

그리고 이때부터 탑이 몇 개로 변한다고 했죠? 두 개. 즉, 일탑에

감은사지 석탑의 옛 모습. 기단부의 붕괴가 눈에 띈다.

서 쌍탑으로 변하지요. 대신에 금당은 수가 줄어듭니다. 아까 오전에 갔었던 황룡사는 금당이 3개였죠? 삼금당에서 일금당으로 줄게 됩니다. 그래서 이걸 '쌍탑 일금당' 양식이라고 합니다.

그리고 분황사에 갔을 때 탑이 하나 있었죠? 그 탑을 기준으로 동, 서, 북쪽에 금당이 세 개 있었어요. 품(品) 자 형식의 삼각형 모양으로. 특이한 구조죠? 그러다가 나중에는 하나로 변하면서 상탑 일금당 형식으로 변해간다는 것입니다.

일제 강점기에 찍은 감은사 옛 사진을 보면 탑의 상부 기단이 약간 구부러져 있거든요. 탑이 약간씩 뒤틀어져있고, 간혹 기단 위에 뭐가 있냐면 땔감이 얹혀 있어요. 왜냐하면 여름에 그늘이라 시원하잖아요. 마을사람들이 누워서 자기도 하고, 땔감 나무를 이 위에 올려놓으면 습기가 안 차니까. 참 정감 있는(?) 사진들이 있습니다. 여기도 절이 폐사된 후, 마을이 들어섰었거든요.

이 탑도 몇 번 수리를 했어요. 최근에는 2년 전에 수리가 끝났고요. 그리고 이 탑에서 사리가 나왔는데, 일반적으로 사리는 외부 사리함 안에 있는 유리병에 담았거든요. 그 당시 유리는 어마어마하게 귀한 거잖아요. 작은 사리가 한 톨 정도 들어가 있습니다. 너무나 귀한 것이기 때문에요.

　이곳에도 또 하나의 전설이 있습니다. 우리가 아까 황룡사 이야기를 했잖아요. 그게 언제 불탄다고 그랬죠? 13세기 몽골이 침략해서 그래서 다 타버렸어요. 그런데 절을 태우다 보니까 옆에 어마어마하게 큰 종이 있었다고 그랬죠? 에밀레종의 4배 정도? 이들은 그 종이 너무나 탐이 나는 거예요. 그래서 몽골 침략자들이 이거는 가지고 가야겠다고 생각해서 종을 싣고 가기로 합니다. 근데 그 큰 종을 육지로 운반하려면 힘들잖아요. 방법은 하나밖에 없어요. 토함산을 넘어서 결국은 동해에서 배에 태워서 가면 되잖아요. 그래서 토함산을 넘어왔대요. 넘어오기는 왔는데, 자, 저기 보세요. 저기 멀리 차들이 다니는 길이 있죠? 그 뒤쪽에 현재 하천이 있습니다. 저 하천은 토함산이랑 연결되어 있어요. 굉장히 넓어요. 근데 수많은 세월 동안 토함산 쪽에서 물과 토사가 계속 밀려내려와 지금은 하상이 높아져서 물이 거의 없습니다. 우기 때에만 물이 흘러내리거든요. 근데 그곳은 옛날에는 큰 강이었습니다. 그래서 그들이 강에 도착해서는 종을 배에 실어 띄운 겁니다. 그런데 강을 따라오다가 이 부근쯤에서 배가 뒤집혀버립니다. 그래서 종은 여기에 빠져버렸고 물살을 따라 동해로 흘러 들어가 버렸답니다. 전해지는 소문에 따르면 지금도 풍랑이 치는 날이면 동해 바다에서 종소리가 난다는 믿거나 말거나 하는 전설이 만들어지기도 하죠,

그리고 또 하나 재밌는 것은 이 하천의 이름이 대종천(大鐘川)입니다. 큰 종을 빠트린 하천이라는 그런 전설이 생겨난 겁니다. 진실인지는 모르겠지만, 어떤 해녀가 바다에서 물질하다가 그 종을 봤다는데, 사실 어마어마하게 큰 종이어야 하는데 그렇게 큰 종은 아니었다고 하네요. 옛날에 왜구들이 쳐들어올 때 1차 목적은 사실 식량 약탈입니다. 그리고 우리의 불교 문화재인 종(鐘)이나 불상, 경전 같은 것을 획득하기 위함이었대요. 지금도 일본에 가면 우리나라 종이 많거든요. 어마어마하게 종을 많이 약탈해 가지고 갔겠지요. 약탈 중에 빠뜨린 종들 중에 하나일 겁니다. 황룡사 종

용이 된 문무왕이 동해 바다에서 올라와 휴식을 취했다는 감은사지 금당의 구조.
아래가 비어있는 구조로 만들어져 있다.

은 말도 안 되는 거고, 다시 말하지만 그것은 어마어마하게 큰 건데. 그런 전설이 있는 곳이 바로 여기입니다.

감은사(感恩寺), 아버지의 은혜에 감동한 아름다운 이야기의 절. 이 절을 만든 목적 중에 하나가 용이 된 아버지를 모시기 위함이지 않습니까. 아까 했던 말을 이어서 합니다. 용이 되어 바다를 지키던 문무왕은 밤이 되면 쉬러 와야 하잖아요. 동해 바다하고 대종천이 연결되어 있죠? 그러면 용은 물하고 관계되어 있으니까 그 물을 따라서 올라오는 겁니다. 과거에는 아마 여기에서 이 밑으로 수로가 뚫려 있었을 거예요. 이제부터는 관념적인 이야기예요. 용이 와서 쉬어야 하잖아요. 그래서 금당 밑에 이런 구조가 되어있는 겁니다. 금당 바닥에 긴 돌을 엮어 깔고 그 아래에 공간을 비워 놨죠? 통상 절은 이렇게는 안 짓거든요. 일부러 이 밑에 공간을 놔둔 겁니다. 이 밑은 용이 와서 쉬는 공간이기 때문이지요.

그럼, 용이 이 금당으로 들어올 때는 어디로 들어오느냐? 삼국 유사엔 동쪽으로 들어온다고 되어 있거든요. 여기에 있네요. 바로 여기로 들어와서 이 밑의 공간에서 용이 쉬다가 나가는 관념적인 구조겠죠. 이렇게 금당 아래를 띄워서 만든 절의 구조는 제가 봤을 때는, 대한민국에서 두 개밖에 없어요. 또 하나가 어디 있냐면 익산 미륵사지에 가면 금당 하부 구조가 이렇게 돼 있어요. 사실, 여기보다 더 높아요. 거기에도 전설이 있었거든요. 백제 무왕이 그곳을 지나갈 때 연못에서 미륵 삼존불이 나타났대요. 그래서 미륵 삼존불을 위해서 지은 미륵 절이 미륵사인데, 원래 거기가 연못이었다고 합니다. 연못을 메워서 절을 짓다 보니 아래가 습하겠지요? 그래서 지면 아래를 띄우지 않았을까 하고 추론됩니다. 여기는 언덕이니까 습지는 아니지요. 호국용과 관계되는 그러한 설화가 있기 때문에 이렇게 만들어 놓은 것이 아닌가 합니다.

　맑고 청량한 봄 하늘 아래서 삼국유사의 전설과 함께한 신라 석탑 이야기는 감은사를 마지막 일정으로 1차 마무리되었다. 다가올 여름에 실시될 2차 기행은 감은사지 석탑에 이어 신라 석탑의 전성기를 연 불국사 3층 석탑(석가탑)에서 시작될 것이라는 인솔자의 예고 설명을 들으며 우리는 아침 출발 때보다는 다소 지식이 축적되어 무거워지고 있는 머리와 함께 역사 기행의 마지막 하이라이트라고 일컬어지는 저녁 뒤풀이 장소가 있는 부산을 향해 고속도로를 달려 나갔다.

2부

여름에 만난 석탑

여름입니다.

여름 기행은 봄과 다른 묘미가 있습니다. 강렬한 햇볕과 더위, 그러다 간혹 약하게 뿌리는 단비를 만나면 호젓하게 석탑을 만날 수 있는 기회가 열립니다.

봄에 떠난 경험이 있으니, 여름은 쉽게 떠날 수 있다고 생각하지만 기행에는 변수가 많습니다. 특히 비가 내릴 가능성이 있습니다. 변수가 인생의 의미와 가치를 풍부하게 해 주듯이, 기행에서도 변수는 기적을 선물로 만들어 줍니다. 여름 기행에는 비가 내렸습니다. 출발 전 마파두부 님이 기청제(祈晴祭)를 지낸 덕분인지, 분명 일기예보에는 폭우가 내린다고 했으나 기행 장소인 경주에는 폭우가 아니라 소복소복한 비가 예쁘게 내렸습니다. 기행을 떠나기 너무 좋은 자연적 환경이 되었던 날입니다. 우리는 빗속에 드러난 석탑의 자태를 마음으로 마음껏 맡았습니다.

여름 기행은 불국사, 남산동 쌍탑과 서출지를 거쳐 옥룡암 부처바위를 다녀왔습니다.

불국사

모든 것은 일단 이름에 주목해야 하는데, '불국사(佛國寺)'는 '부처
님의 나라'라는 뜻입니다. 이름 그대로 신라인들이 철학적인 부처
님의 나라를 현실에 건축으로 표현한 것이 불국사입니다. 불국사
창건에 대해서는 '불국사 고금창기'라는 책이 있는데, 거기에는 불
국사를 신라 법흥왕 때부터 만들기 시작했다는 이야기가 있습니

다. 그러다가 진흥왕을 거쳐서 8세기 중엽이 되면 경덕왕 때, '김대성'이라는 사람에 의해 크게 중창이 되었다고 이야기합니다. 사실은 완성된 것은 아닙니다. 김대성이 완성을 못 보고 죽어요. 혜공왕 때가 되면 그것을 이어받아서 완성을 해서 지금 현재와 비슷한 터를 갖추지 않았나 추측하고 있습니다.

불국사에도 건립에 관한 전설이 있습니다. 김대성이라는 사람은 삼국유사에 의하면, 두 번 태어난 사람으로 유명합니다. 김대성이 처음 태어났을 때는 신분이 아주 비천한 하층민이었습니다. 삼국유사에 따르면 모량리라는 동네에 사는 '경조'라는 여인의 아들이었다고 합니다. 모량리라는 동네는 지금도 있습니다. 현대에 와서 모량리 출신의 가장 유명한 사람은 누구일까요? 청록파 시인으로 유명한 '박목월'입니다. 박목월이 거기서 자랐다고 합니다. 사실은 원래 태생은 경남 고성 쪽이라는 이야기도 있어요.

어쨌든 김대성이 굉장히 힘들게 노모를 모시고 살고 있었다고 그래요. 부잣집에 가서 품팔이를 하고 있었는데, 어느 날 주인집에서 일을 하고 있는데, 절에서 시주를 받으러 왔다고 그래요. 그 집 마나님이 엄청난 시주를 한 것 같아요. 그러니까 스님이 하시는 말이, '시주를 하면 만 배로 더 많이 돌려받고, 당신은 극락에 갈 것이다'고 했다는 것 같아요. 그래서 김대성이 집으로 돌아와서 엄마에게 그 얘기를 했죠. 우리도 시주하자고. 그런데 가진 게 없잖아요. 마침 그때 품팔이하고 땅을 조금 받은 게 있어서 그 손바닥만 한 땅을, 이것이라도 바치라고 합니다. 결국에는 전 재산을 주기로 합의를 봤다고 합니다. 대책 없이 아름다운 사람들입니다. 그걸 주고 난 뒤 얼마 안 있어서 김대성이 갑자기 죽었다고 그래요. 여기서 드디어 전설이 시작됩니다.

김대성의 이름이 무슨 뜻이냐면, 큰 대(大) 자에 성(城) 성 자입니다. 머리가 크고 정수리 쪽이 납작한 게 성 같았다고 그래요. 그래서 대성이라는 이름을 가졌답니다. 이 사람이 죽은 날, 그 당시 신라의 재상으로 있던 '김문량'이라는 사람의 집 하늘에서 소리가 들렸다고 합니다. '모량리에 사는 대성이 죽었는데, 너희 집에 태어날 것이다.' 그래서 김문량이 모량리에 사람을 보냈더니 대성이가 죽었다는 이야기가 있었다고 그래요. 마침 부인이 태기를 느꼈다고 하고, 나중에 아기가 태어났는데 머리가 크고 성처럼 평평했다고 해요. 그리고 그 애가 주먹을 꾹 쥐고 있었다고 합니다. 며칠 후에 주먹을 폈는데, 거기에 대성이라 적힌 금붙이가 있었다고 합니다. 참으로 신통방통하죠? 김문량이 '이건 보통 일이 아니다'라고 해서 모량리에서 홀 엄마를 모시고 와서 같이 살았다고 그래요. 드디어 우리의 주인공 김대성이 무럭무럭 자라서 또 전설을 만들죠. 김대성이 사냥을 좋아했다고 하는데, 하루는 사냥을 갔다가 곰을 한 마리 잡았다고 그래요. 그런데 그날 밤 꿈속에서 곰이 나타나서는 '네가 나를 왜 죽였느냐? 내가 너를 죽이겠다.' 하고 달려드니까 김대성이 살려달라고 싹싹 빌었답니다. 그랬더니 곰이 하는 말이 '그러면 나를 위해서 절을 하나 지어줄 수 없겠느냐?' 그래서 김대성이 그 부탁을 들어주기로 하고 곰이 대성이를 살려줬다고 합니다.

곰이 절을 좋아하다니 참으로 희한하죠? 불심도 참 깊은 곰입니다. 암튼, 그렇게 해서 김대성은 꿈에서 깨어나서 절을 하나 지었다고 하는데 그것이 '장수사'라는 절입니다. 그리하여 김대성은 돈독한 불심(佛心)을 갖게 되고, 굉장히 큰 사람이 되었습니다. 나중에 성공하여 또 절을 짓기 시작하는데, 현생의 부모를 위해 짓게 된 절이 이 불국사입니다. 그리고 전생의 엄마를 위해 지은 절이 토함산 꼭대기에 있는 '석굴암'이라 합니다.

이 절은 쭉 시대를 내려오다가 조선시대에 결정적인 쇠퇴기를 겪습니다. 조선시대는 아시다시피 유교의 나라여서 시련을 겪게 됩니다. 그러다가 결정적으로 이 절이 불탄 것은, 바로 1592년에 일어났던 '임진왜란' 때입니다. 그때 일본인들이 여기에 절 구경을 왔다고 해요. 와보니까 절이 엄청나서 감탄을 했답니다. 감탄하면서 둘러보다가 어디를 열어보니까 거기서 의병들이 쓰려고 모아뒀던 무기들이 발견됐어요. 그러자 일본군들이 이 절을 태워버립니다. 우리나라의 유명한 문화재는 거의 다 임진왜란 때 소실됩니다. 경복궁, 범어사, 통도사 이런 것들도 거의 다 임진왜란 때 소실됩니다. 임진왜란 때 엄청나게 크고 국가적인 절이었던 불국사가 소실되었는데, 여러분들이 지금 보고 계신 것은 조선 후기를 거쳐 현대에 중건하여 지어진 것입니다.

임진왜란이 끝나고 조선 후기가 되면 부분적인 중수가 이루어져요. 그렇지만 그때는 아시다시피 불교 국가가 아니잖아요. 유교 국가가 되다 보니까, 어마어마한 중창은 못 이뤄집니다. 부분적으

로 했어요. 그러다가 일제강점기의 1920년쯤 되면 일본인들이 와
서 다시 손보기 시작합니다. 그래서 절이 어느 정도의 모습을 갖추
게 됩니다. 그러다가 지금 현재의 모습을 보이게 된 것은 1970년대
초반의 복원에 의해서입니다. 그런데 복원하는 과정에서 오류가 있
어서 제대로 복원이 못 된 부분도 있습니다.

그럼 과연 이 불국사라는 절이 일제강점기 때 손보기 전에 어떤
모습이었냐면, 이 사진을 보시면 됩니다. 바로 1919년, 100년 전의
모습입니다. 지진이나 여러 가지 사정에 의해서 이렇게 무너져 있
었습니다. 계단도 함몰이 많이 되어있죠? 지금 계단 옆에 있는 이
돌난간은 이 당시에는 아예 없었습니다. 현대에 새로 만들어 놓은
겁니다. 그리고 이 뒤에 있는 담장도 원래는 없었습니다. 돌 축대
까지는 원래 있었는데, 담장은 없고 바로 대웅전이 보입니다. 금당
인 대웅전 옆에 '다보탑'이 살짝 보입니다. 그 밑에 있는 사진이 연

1914년, 연화교에서 바라본 불국사. 담장은 1919년 경, 쇠락한 불국사의 충격적인 모습.
아예 없고 석가탑과 금당의 모습이 일부 보 청운교와 백운교가 거의 붕괴 직전이다.
인다.

'불국사 고금창기'를 보면 돌계단 다리와 자하문의 순서를 자하문-청운교-백운교라 기록되어 있어서 아래쪽이 백운교이고 위쪽 계단이 청운교이다. 청운교와 백운교를 연결하는 아치형 다리를 '홍예'라고 부른다.

화교, 칠보교 쪽에서 무지개다리(홍예)를 향해서 찍은 사진입니다. 제일 왼쪽에 연화교, 칠보교의 기둥 두 개가 보이시죠? 제일 오른쪽에 보면 무지개다리, 청운교, 백운교 올라가는 계단이 보입니다. 거기에 보면 위에 담들은 없고 돌들도 많이 무너져 내렸습니다. 그 뒤 가운데에 크게 있는 건물이 '수미범종각', 즉 '범영루'입니다. 그 바로 왼쪽 밑에 보면 탑이 하나 보이는데, 그게 바로 '석가탑'의 모습입니다. 이렇게 거의 허물어진 형태로 있었다는 겁니다. 그러다가 70년대 초반이 되면 엄청난 비용을 들여서 중건해서 지금 현재의 모습을 갖추게 되었습니다. 저는 이런 옛날 사진이 일종의 화석과 같지 않을까 생각합니다.

지금부터는 불국사의 구조에 대해서 이야기하겠습니다. 여기에 다리가 이중으로 있습니다. 밑에 계단이 있고, 위에도 계단이 있죠? 이게 바로 그 유명한 '청운교(靑雲橋)', '백운교(白雲橋)'입니다. 아마 불국사는 우리나라의 절중에서 가장 국보가 많은 절일 겁니다. 청운교, 백운교는 두 개다 현재 국보로 지정되어 있습니다. 위의 돌다리가 청운교이고, 밑에 것은 백운교입니다. 글자 그대로 풀이해 보면, 백운교는 흰 구름다리라는 뜻입니다. 부처님의 세계가 있는 천상이 바로 저기입니다. 천상으로 올라가기 위해 흰 구름과 푸른 구름다리를 밟고 올라간다는 뜻을 내포하고 있습니다. 이 밑이 인간이 사는 사바세계로서 여기서부터 올라가기 시작하는데, 여기 아래는 옛날에는 연못이었습니다. 저기서 물이 공급되어 여기에 큰 연못이 형성되어 있었기 때문에 연못에 빠지지 않고 금당으로 올라가기 위해 청운교와 백운교라는 다리와 계단이 있는 겁니다.

그런데 복원할 때, 연못은 복원을 안 했습니다. 잘못된 복원이라고 할 수 있겠죠. 옛날에는 계단으로 올라갈 때 밑을 내려다보면 연못에 연꽃이 보였겠죠. 그렇게 흰 구름과 푸른 구름을 밟고 올라가면 문이 있습니다. '자하문(紫霞門)'이라고 하는데, 자주색 안개의 문이라는 뜻입니다. 부처님의 신령한 세계로 들어가면 붉은 안개가 있는 겁니다. 저 문을 열고 들어가면, 붉은 안개가 걷히면서 부처님이 계시는 대웅전이 나옵니다. 부처님을 향해 가는데 그 양옆에 탑 두 개가 있습니다. 그게 바로 석가탑과 다보탑입니다. 그 탑 두 개를 거치면 부처님이 계시는 금당으로 이를 수 있습니다.

아래의 석조 건축물이 수미산을 표현하고 있는
수미범종각

이런 식으로 당시에 부처님의 세계를 굉장히 철학적으로 풀이한 것이 바로 불국사입니다.

여기에 누각을 보시면 위에는 목조건물이지만 밑에 있는 축대는 돌입니다. 그런데 자세히 보면 돌을 다듬어서 이상한 모양으로 만들어놓았죠? 저게 첨성대의 모습과 닮지 않았냐는 추측이 있습니다. 무엇을 표현한 것이냐면 부처님이 계신 수미산을 표현했다고 합니다. 그 수미산 위에 정자가 하나 있습니다. 이 원래 이름은 '수미범종각'이었습니다. 범종이 걸려있었다는 거겠죠.

축대를 보시면 쭉 평행을 유지하다가 회랑이 밑으로 푹 꺼지죠? 저기를 경계로 해서 높은 지역, 낮은 지역으로 구분이 되는데, 저 공간은 바로 부처님이 계시는 곳에서 한 단계 아래인 서쪽 영역인 서방극락정토를 표현한 것입니다. 그래서 서쪽으로 가면 극락전과

연화교 계단에 음각으로 새겨진 연꽃잎 모양의 장식. 수많은 세월 동안 얼마나 많은 이들이 저마다의 염원을 갖고 이 계단을 밟고 올랐을까?

불국사 정면 축대에 있는 배수구. 여기를 통해 아래의 연못에 물이 공급되었다. 인공적으로 다듬은 돌과 자연석이 만나는 부분에는 그랭이질을 한 모습이 보인다.

아미타불이 있습니다. 이런식으로 불교세계를 표현해냈다고 볼수 있습니다. 그곳으로 가기 위해서는 돌계단을 이용해야 하는데, 저기는 밑에 있는 다리가 연화교이고 위에 있는 다리가 칠보교입니다.

연화는 연꽃이라는 뜻인데, 연화교 계단 층계에 밟는 데마다 하나하나 연꽃이 음각으로 새겨져 있습니다. 그다음에 칠보는 일곱 개의 보물이라는 뜻인데, 그걸 거치고 올라가면 '안양문'이 있습니다. 안양이 바로 서방극락정토를 의미합니다. 들어가면 서방극락정토를 관장하시는 '아미타불'이 계십니다. 이런 식으로 불국사는 높낮이로 부처님 세계의 위계를 만들었습니다.

무지개다리인 불국사 홍예. 신라의 석조다리 중에서 가장 아름답다.

그리고 대웅전 뒤쪽으로 가면 무엇이 있냐면, 축대가 있고 그 위에 높은 곳이 또 있습니다. 거기에 가면 여러 부처님들이 계십니다. 그것도 부처님의 세계에 따라서 영역을 구분 해놓은 것입니다.

여기 밑에 있는 축대를 자세히 보시면 돌이 큰 자연석으로 되어 있습니다. 그런데 자연석 바로 위부터는 인공으로 치석을 했죠? 깎아서 만든 겁니다. 그 깎아서 만든 부분을 자세히 보시면 자연석과 맞물리는 부분을 모양대로 깎은 것을 알 수 있습니다. 저걸 그랭이 기법이라고 하는데, 지진이 날 때 서로 뒤틀리지 말라고 저런 식으로 만들어놓았습니다.

자하문을 들어서면 표준형의 석가탑(우)과 특수형의 다보탑(좌)이 서로 마주보고 있다.

청운교와 백운교의 만나는 부분을 보면, 이런 모양의 다리를 홍예(虹蜺)라고 부릅니다. 무지개 모양의 아치형 다리인데, 서로 하중을 분산시켜서 무너지지 않게 해놓았습니다. 이게 아마 우리나라에서 가장 오래된 홍예(무지개다리)일 겁니다. 가장 아름다우며 완벽한 구조를 이루고 있습니다. 반대쪽 연화교에도 홍예가 있는데, 청운교, 백운교에 비해 규모가 좀 작습니다.

저쪽에 보면 누각이 또 하나 있죠? 저게 부처님의 시각에서 좌측에 있기 때문에 '좌경루'라고 합니다. 경전 같은 것을 보관하는 누각이라 해서 좌경루입니다. 가운데가 '범영루'라고 되어있는데 옛날에는 '수미범종각'이라고 해서 큰 종이 걸려있던 곳입니다. 그러면 사실은 제일 오른쪽 끝에 저쪽에도 누각이 하나 있어야 합니다. '우경루'가 하나 있어야 해요. 좌경루는 있는데 우경루는 없잖아요. 그게 이것도 복원 과정에서 뭔가 문제가 있었다고 알고 있습니다.

우리가 예를 들어 이 다리를 밟고 대웅전을 향해 올라간다고 합시다. 그러면 자하문에 이르게 됩니다. 70년대 초반에 대규모 중수공사를 하기 전만 해도 사람들이 청운교와 백운교를 밟고 올라갔습니다. 그때는 아마 제대로 정취를 좀 느낄 수 있었을 겁니다.

그렇게 계단을 오르면 오면 아까 말한 자하문(紫霞門), 즉 붉은 안개가 서려 있는 문이 앞에 있습니다. 부처님의 세계는 아주 신령스러운 세계이니까 관념적으로 표현해 만들어 놓은 겁니다. 그래서 이 문을 열고 들어가면 대웅전이 있고 거기에 부처님이 계시는 구조로 되어있습니다.

이제 자하문을 열고 붉은 안갯속을 지나 마당으로 진입합니다. 부처님이 저기 계신 건물이 보이죠? 그 금당을 중심으로 앞의 좌우에 탑이 두 개가 있습니다. 바로 그 유명한 '석가탑'과 '다보탑'입니다.

우선, 석가탑부터 살펴보도록 하겠습니다.

여기서는 감은사와는 달리 서로 다른 형식의 탑 두 개가 마주보고 있습니다. 석가탑은 신라 탑의 표준 형식입니다. 다보탑은 조금 특수한 형식이라서 이런 석탑은 이형(異形)석탑이라고 부릅니다. 우리나라의 표준형 석탑 중 최고가 바로 이 석가탑입니다. 지난번 봄에 갔었던 감은사의 탑과 비교해보면 크기가 작아지고 대신에 균형과 비례의 미가 나타나기 시작합니다. 감은사는 육중하고 웅장한 느낌이 들지만 균형 잡힌 느낌은 아니었습니다. 석가탑은 사람으로 치면 균형 잡힌 미인의 모습이라고 할 수 있을 정도로 조화와 균형미가 돋보입니다.

탑은 크게 몇 부분으로 구성된다고 그랬죠? 받침, 몸통, 머리 세 부분으로 구성됩니다. 사실 석가탑은 정식 명칭이 아닌 별명입니다. 정식 명칭은 '불국사 3층 석탑'

완벽한 조화와 균형미의 석가탑

입니다. 왜 석가탑으로 부르냐면 바로 불교경전에 나오는 전설이 구현된 것이기 때문입니다.

어느 날 부처님이 제자들을 모아놓고 법문을 열고 있었다고 그래요. 그런데 모였던 사람들이 전부 부처님의 말씀에 동의한 건 아니잖아요. 그중에서는 부처님의 말씀을 의심하는 사람도 있었습니다. 석가탑의 원래 이름이 부처님이 여기에 앉아 항상 설법을 한다고 해서 '석가여래상주설법탑'이라고 합니다. 줄여서 석가탑이라 하죠.

사람들이 부처님의 말씀을 의심하고 잘 이해를 못 하니까 갑자기 맞은편에서 땅이 갈라지더니 땅속에서 '다보여래'가 쑥 올라옵니다. 다보여래가 하는 말이, '석가의 말씀이 모두 진실이오. 내가 증명하겠소.' 그래서 다보탑의 진짜 이름은 '다보여래상주증명탑'이라고 부릅니다. 이 일화를 불국사에서는 금당 앞에 두 탑으로 그대로 재현한 것입니다. 석가탑은 굉장히 간결하면서도 균형 잡히게 만들고, 다보탑은 굉장히 복잡하면서도 화려하게 만들어 두 개의 극명한 대비를 이루게 합니다.

그럼 이 석가탑의 안쪽 내부는 어떻게 되어있을까요? 기단은 안이 비어있는데 거기에 잡석들을 채워 넣어서 고정을 시킨 겁니다. 물론 밑에 부분만 그렇고 위쪽 부분인 탑신부터는 꼭 찬 바위 하나하나로 이루어져 있습니다. 감은사지탑하고 비교해보면 감은사지탑은 굉장히 컸었는데, 그러다 보니 그렇게 큰 탑을 만들 거대한 돌이 없잖아요. 그래서 많은 돌을 합쳐서 한 개의 층을 구성했습니다. 하지만 석가탑은 크기가 작으니까 하나의 돌로 층을 구성합니다. 감은사지탑은 옥개석만 하더라도 받침 쪽, 뚜껑 쪽 해서 한 층에 돌이 8개씩이었습니다. 그러나 석가탑은 크기가 작으니 한 층이 하나의 돌로써 구현이 가능한 겁니다.

감은사지와의 공통점은 생긴 형식은 같다는 점입니다. 이중 기단 위에 삼 층의 석탑이 있고, 옥개받침이 5개입니다. 옥개받침은 5개가 전성기 때의 표준입니다. 그러다 세월이 갈수록 점점 탑 크기도 작아지고, 옥개받침의 숫자도 줄어들어버립니다. 그래서 9세기로 넘어가면서 4개로 줄어들기 시작합니다. 이 석가탑은 만들어진 것이 8세기 중엽 경덕왕 때인데 이 탑을 기준으로 삼아 그 이전 탑, 그 이후 탑을 구분하면 확연하게 모습이 달라집니다. 시대가 올라가면 올라갈수록 크기가 커지고 시대가 내려가면 모든 부분이 작아지면서 간소화됩니다.

이 탑에도 얽힌 이야기가 있습니다. 여기도 사실은 도굴꾼이 왔었습니다. 그때만 해도 사진에서 봤다시피 절 관리가 잘 안 됐습니다. 이번에도 대략 1960년대 중반쯤입니다. 벽도 회랑도 없었고, 건물이 거의 무너질 듯이 있었습니다. 그래서 밤에 도굴꾼들이 온 겁니다. 봄에 황룡사 목탑지 도굴사건 때 이야기 한 자동차 타이어 교환할 때 쓰는 '르프트 잭(흔히, 일반적으로는 자키라는 말리 많이 쓰임)'을 사용해서 1층 옥개석하고 탑신 사이에 틈을 벌려서 열었다고 그래요. 사리와 보물을 찾기 위해서 말이죠. 그런데 그 층엔 아무것도 없어서 다시 돌을 내려놓고 다음 날 밤에 또 오려고 일단

철수했답니다.

'그런데 말입니다.' 아침에 스님이 마당을 쓸며 살펴보니 보니까 탑이 이상하게 기울어져 있어서 신고를 했다고 그래요. 조사를 해보니까 누군가가 인위적으로 도굴을 하려다 실패한 것임이 밝혀집니다. 문화재청에서 나와서 탑을 분해해서 다시 바로 세웁니다. 그 때만 해도 무척 시대가 허술해서 장비도 없고, 전봇대 같은 나무 기둥 두 개를 세워서 그 가운데 도르래를 내려 들어 올렸습니다. 그러다가 탑을 떨어트려 버려서 탑이 깨져버렸습니다. 놀래서 탑을 조사했더니 2층에서 사리와 '무구정광대다라니경'이 나왔습니다. 무구정광대다라니경은 세계에서 최고로 오래된 목판 인쇄본이죠? 만약에 도굴꾼들이 2층을 바로 열었더라면 그들은 무지하니까 종이 뭉치에 대한 가치를 알았을 리 만무하다 보니 그냥 없앴겠죠.

일본 호류사의 금당(좌)과 5층 목탑(우)

위 사진은 제가 올해 초, 일본에서 찍어온 세상에서 가장 오래
된 목탑으로 5층입니다. 일본 나라 현에 있는 '호류사'라는 절인데,
목탑 왼쪽에 있는 것이 그 유명한 고구려의 '담징'이 그렸다는 금당
벽화가 있는 건물입니다. 목탑은 이런 형식의 목조건물을 말하는
건데, 특징은 규모가 크고 화려합니다. 사람이 들어가서 거주하고
있는 건물이라고 보면 됩니다. 이런 탑의 가장 큰 단점은 불이랑
습기에 약해서 오래 보존이 안 되죠. 그래서 허물어진다는 단점이
있습니다. 우리나라에서 이 단점을 극복하기 위해서 만든 것이 석
탑입니다. 석탑이란 부처님이 계신 집을 돌로 표현한 것입니다. 그
러다 보니 아무나 만들지 못해요. 특히 불국사 같은 경우는 최고
의 절인데, 그 당시 신라 최고의 장인들이 와서 만든 겁니다. 즉 당
대 최고의 걸작이 여기에 있는 겁니다. 여기에서도 우린 강인한 돌

의 생명력을 볼 수 있죠.

아래 사진은 전탑의 모습입니다. 왼쪽이 칠곡 송림사에 있는 탑이고, 오른쪽이 안동 조탑리에 있는 겁니다. 왼쪽의 탑은 전체를 벽돌로 쌓아 올린 탑이고 오른쪽에 있는 탑은 일 층은 돌로 만들고, 일 층의 지붕부터는 벽돌을 쌓아 올린 전탑입니다. 전탑의 특징이 무엇이냐면, 석탑은 돌을 정으로 깎아 만들기에 지붕의 면이 곡선으로 내려오는데 전탑은 벽돌을 쌓아서 만들다 보니 낙수면 지붕이 계단식으로 내려옵니다.

안동에 가면 '조탑리'라는 동네에 있습니다. 수년간 수리 중이었는데, 지금쯤 가면 수리가 끝났을 겁니다. 아시다시피 전탑은 벽돌 사이사이에 포자가 날아 들어와서 뿌리가 자라면서 전탑을 파괴시켜버립니다. 지난번 답사 때 분황사 모전석탑의 과거 사진에서 봤듯이 나무가 자라면서 탑이 무너지기 시작합니다. 그래서 조탑리 탑도 붕괴가 심하여 몇 년 전부터 수리에 들어간 것입니다. 조탑리에 가면 전탑을 보고 그 뒤에 있는 골목으로 들어가시면 '강아지똥'으로 유명한 '권정생' 선생님이 살던 집이 보존되어 있습니다. 그걸 같이 엮어서 보시면 좋습니다.

여기 석가탑 맞은편에 있는 탑은 다보탑입니다. '다보여래상주증명탑'의 줄임말이라고 했죠? 저쪽에서 석가여래가 설법할 때, 사람들이 긴가민가하고 있자 땅속에서 다보여래가 올라와 증명한 거죠. 두 탑은 형식에서 완전히 극명한 대조를 보입니다. 여기서 보면 석가탑이 보다 자세히 보입니다. 가까이 봐도 아름답지만 멀리

경북 칠곡 송림사의 전탑

경북 안동 조탑리의 전탑

상상력의 극치를 보여주는 다보탑　　　　못생겨서(?) 살아남은 돌사자

서 봐도 아름답죠? 균형과 조화의 걸작입니다. 다보탑은 반면에 굉
장히 화려합니다. 이건 제가 봤을 때 인간이 상상할 수 있는 것을
극대화시킨 것입니다. 자세히 보시면 이때까지 못 봤던 것을 발견
할 수 있습니다. 다보탑 모서리마다 구멍이 보이죠? 절에 가면 처
마에 풍탁을 달죠? 그걸 탑에 달았던 겁니다. 그런데 풍탁은 쇠이
기 때문에 삭아서 없어지고 구멍만 남아있는 겁니다. 그다음에 일
층을 보면 돌사자가 있죠? 사자 입이 튀어나온 곳이 깨져서 잘려
있습니다. 원래는 사자가 동서남북에 4개가 있었습니다. 그런데 하
나하나 사라졌는데, 저 사자가 남아있는 이유는 파괴돼서 못생겼
기 때문입니다. 예를 들면, 일제강점기 때 높은 관리가 다녀간 다

음에 없어졌다고 합니다. 이런 식으로 야금야금 없어지다가 못생겼다고 괄시받다가 남아서 지키고 있는 사자입니다. 사자의 위치에 대해서도 이론(異論)이 많습니다. 과거에 일제강점기에 찍었던 사진을 비교분석 해봤더니 여기 계단 끝의 중앙이 아니라 모서리에 있었습니다. 아마 그게 맞을 겁니다. 계단을 올라가면 지금 저게 막고 있잖아요. 아마 잘못 배치가 된 게 아닌가 싶습니다.

다보탑은 상부의 팔각지붕 아랫면을 밑에서 올려다보면 음각으로 파진 넓은 홈을 볼 수 있는데 이게 '물 끊기 홈'이라고 부릅니다. 비가 와서 물이 탑을 타고 흘러내려 가다가 여기에서 탑의 내부로 스며들지 못하고 땅으로 바로 떨어지게 만든 디테일한 장치입니다. 표준형 탑들을 살펴보면 그것이 있는 것도 있고 없는 것도 있는데, 석가탑은 이게 없습니다.

지난봄 1차 답사 때, 이미 설명했지만 오늘 처음 참석한 분들을 위해 절의 기본적인 배치에 대하여 다시 한 번 설명할게요. 우리가 불국사 매표소에서 처음 들어온 문이 일주문인데, 기둥이 일렬

팔각지붕 아랫면을 밑에서 올려다보면 음각으로 파진 넓은 '물 끊기'가 보인다.

로 있다고 일주문입니다. 일주문을 통과해서 오다 보면 부처님 세계의 동서남북을 지키는 사천왕(四天王)이 있는 천왕문이 있었습니다. 그리고 천왕문 다음엔 문이 하나 더 있지만 불국사에는 없는데 일반적인 절엔 하나 더 있습니다. 범어사에도 있는데 바로 불이문(不二門)입니다. 글을 그대로 해석하면, 두 개가 아니라는 뜻이죠. 즉, 부처와 내가 둘이 아니고 진리도 두 개가 아니라는 심오한 뜻을 갖고 있습니다. 계속 안으로 들어오면 금당이라고도 부르는 대웅전이 있고, 대웅전 앞에 탑이 두 개가 있고 금당 뒤에도 건물이 있습니다. 보통은 이런 구조입니다.

감은사에 갔을 때도 금당 뒤에 건물 터가 있었잖아요. 주로 강당으로 쓰입니다. 이 불국사 금당 뒤에 있는 강당은 임진왜란 때 불타서 없어졌는데, 복원을 못 하고 있다가 1970년대 초반의 대규모 중수공사 때, 복원해둔 겁니다. 강당의 이름은 무설전(無說殿)이라고 합니다. 참 이름이 이상하죠? 여기서 수많은 강론이 오갔을 텐데 아무 말도 없는 건물이란 뜻입니다. 부처님이 돌아가셨을 때 자기는 아무 말도 한 게 없다고 하셨다죠? 아마 역설적인 이 심오한 진리를 여기서 함축적으로 표현한 것이 아닌가 싶습니다.

이제 관음전으로 이동할까요?

무설전 뒤편의 계단은 몹시 가팔랐다. 일반적인 계단의 각도를 넘어서는 계단으로써 솔직히 오르는 사람이 위태로울 정도였다. 가쁜 숨을 몰아쉬면서 올라간 계단의 끝에는 조금 넓은 마당 끝

에 관음전(觀音殿)이라는 편액을 단 사각형 지붕의 아담한 건물이 보였고 그 안엔 수많은 손을 가진 보살이 자애로운 모습으로 우리를 내다보고 계셨다.

부처와 보살의 차이점은 무엇일까요? 부처는 깨달은 자, 해탈한 자이고 보살은 그 과정에 있는 자입니다. 여기는 관세음보살이 있는 공간입니다. 관세음보살(觀世音菩薩)이라는 것이 중생들의 고통의 소리를 듣고 보고 하면서 그들을 구원해주는 보살입니다. 여기에 계신 관세음보살은 천 개의 눈과 천 개의 손을 가지고 중생들을 구원하고 계시답니다.

관음전 내부에 있는 천수천안관세음보살

관세음보살을 모셨다고 해서 여기가 바로 관음전입니다. 이 건물이 어떻게 보살보다 서열이 높으신 부처님의 공간보다 더 높은 곳에 있죠? 불교적 세계관에 따르면 관세음보살이 사는 곳을 보타락가산(普陀洛伽山)이라고 그래요. 그게 바다의 높은 바위 절벽에 있는데 그 위에 계신다고 해요. 그래서 그걸 표현하기 위해서 이렇게 높은 곳에 짓지 않았을까 추정합니다. 보타락가산을 줄이면 낙산(洛山)이죠. 강원도 양양의 바닷가 절벽 위에 있는 유명한 절 이름이 낙산사인 것도 그런 이유에서입니다. 여기에 있는 관음전은 큰 역사적 가치는 없고 1970년대 초, 대규모 중수공사 때 복원한 것입니다.

관음전에서 왼쪽으로 난 작은 문을 향해 나가니 여기도 상당히 가파른 계단이 놓여 있었다. 모두들 위태위태한 걸음으로 오직 눈 아래의 계단 하나하나에 집중해 내려가는 '비로전(毘盧殿)'이란 편액을 단 아담한 건물이 눈에 들어왔다.
비로전 마당 귀퉁이엔 매우 훌륭한 솜씨로 만든 작은 탑같이 생긴 조형물이 보호각 안에 소중하게 보존되어 있었다.

여기는 부처 중의 부처라고 일컬어지는 '비로자나불'을 모신 곳입니다. 부처는 역할에 따라 여러 종류가 있습니다. 비로자나불은 '대일여래'라고도 부르며 산스크리트어로 '바이로차나 붓다'라고 하고, 한자로 음역하여 비로자나불(毗盧遮那佛)이라 부릅니다.

비로전의 신라 3대 얼짱부처, 비로자나불

비로전 마당 구석에 있는 사리탑

'바이로차나'는 태양이 모든 곳을 밝게 비추듯 몸에서 나오는 빛과 지혜의 빛이 온 우주를 비춘다는 의미를 지니며 부처의 진신을 의미하죠.

여기에 있는 비로자나불은 통일신라 시기인 9세기경에 만들어진 금동불입니다. 부처의 종류를 알 수 있는 방법은 '수인'이라고 부르는 손가락의 형상을 보면 압니다. 저 부처는 오른손 검지를 왼손이 감싸 쥐고 있는 '지권인'이라는 포즈를 취하고 있는데, 여기 비로자나불은 보통의 경우와는 손의 방향이 반대입니다. 그런 의미에서 불국사 비로자나불은 매우 특이하다고 볼 수 있죠. 지권인의 의미는 부처와 중생은 본래 하나이며 미혹함과 깨달음도 결국은 하나라는 심오한 뜻을 담고 있습니다.

이 부처님은 이 절 극락전에 계시는 아미타불과 함께 신라의 3대 얼짱 부처님으로 불립니다. 힘들게 여기까지 오셨으니 얼짱 부처님을 눈에 자세히 담아 가세요. 조금 있다가 극락전에 가면 비슷하게 생긴 부처님이 계시는데 한번 비교해 보시는 것도 좋을 겁니다.

저쪽 마당 구석에 있는 탑처럼 생긴 조형물은 사실, 탑이 아니고 부도, 또는 사리탑이라고 부르는 겁니다. 부처님의 사리는 절의 가장 중심이 되는 금당 앞마당에 탑을 만들어 모셨고 그것을 '불탑(佛塔)'이라고 하죠.

반면, 부도(浮屠) 또는 사리탑이라고 불리는 것은 일반 스님의 사리를 모신 탑입니다. 그러니 부처님보단 격이 떨어지니 절의 중앙

불국사 극락전의 아미타여래상

극락전 마당의 황금 돼지상

에 모시지 않고 절 주변 숲이나 한적한 곳에 모시는 것이 일반적입니다. 여기엔 어떻게 사리탑이 경내에 있을까요?

사실, 다른 곳에 있었는데 일제 강점기에 일본으로 반출되었다가 되찾은 것입니다. 다시 돌려받아서 여기 그냥 모셨기 때문에 원래의 위치가 아닌 곳에 계시는 셈입니다.

자세히 보세요. 조각 수법이 굉장히 수려하고 뛰어납니다. 부도는 원래 팔각원당 형식이 기본이지만, 이 부도의 경우 표준 형식을 벗어나 오히려 석등과 유사한 형태이고 상부는 사방에 부처와 보살의 조각하고 하부는 연꽃과 구름으로 장식된 아주 빼어난 작품입니다. 이 부도는 워낙 제작 기법이 뛰어나 현재 보물로 지정되어 있습니다. 마음껏 구경하시고 앞으로 잠시 후 극락전으로 이동합시다.

제법 넓은 공간 안에 자리 잡은 극락전의 오른쪽 축대 위로 우리가 머물렀던 석가탑과 다보탑이 있는 대웅전이 보였다. 그러니까 마파두부의 설명대로 불국사는 모든 공간이 층층으로 나뉘어 각각의 부처님 공간이 독립적으로 마련되어 있는 특이한 구조였다.

불국사라는 이름의 뜻이 부처님 나라를 현실에 구현한 것이라고 했습니다. 이 불국사는 각각의 부처님들이 독립된 영역을 차지하고 있는 것이 특징입니다. 그것도 서열을 지켜가며 공간을 구획했다는 것이지요. 우리가 보았던 대웅전이 있는 영역은 현생의 부처인 석가모니의 공간이었습니다. 그리고 비로전은 전생의 부처인 비로자나불이 있는 공간인데, 대웅전 영역보다는 뒤편 높은 곳에 자리하여 가장 격이 높은 비로자나불의 세계임을 암시하고 있죠.

여기의 극락전은 서방정토를 관할하는 아미타불의 영역입니다. 대웅전 영역보다 한 단계 아래의 공간에 배치하였고 위치도 서쪽입니다. 바로 서방극락정토를 뜻하죠. 여기 극락전에 모셔져 있는 아미타불을 한번 보세요. 비로전에서 보았던 부처님과 많이 닮은 또 하나의 얼짱 부처님이죠? 제작된 시기가 9세기경으로 비로자나불과 거의 같고 이것도 국보로 지정된 신라 3대 불상입니다. 신라 삼대 얼짱 부처 중 두 분이 불국사에 계시니 이것만으로도 불국사는 대단한 절임에 이견이 없습니다.

저기 좀 보세요. 저 황금색 돼지상은 대체 뭐기에 중국 관광객까지 저렇게 쓰다듬고 있을까요? 뒤에 보이는 극락전 편액 뒤쪽에 용이라든지 돼지, 코끼리 등 신령스러운 동물들이 건물 주변을 둘러 가며 조각되어 있는데, 편액에 가려서 잘 안 보이던 황금색 돼지 조각상을 10여 년 전에 우연히 누군가 발견합니다. 그게 유명해지면서 그때가 마침 황금 돼지의 해라서 복이 온다고 대대적으로 선전하며 황금색 돼지를 극락전 마당에 비슷하게 만들어 설치해 둔 겁니다.

이제, 수학여행 왔을 때 단체 사진 찍는 포토 존에서 단체 사진 한 장 찍고 답사의 꽃인 식사하러 갑시다.

대한민국 사람이라면 누구나 여기서 찍은 사진을 한 장씩은 가지고 있겠지?

남산동 쌍탑

식사를 마친 후, 오후 일정은 경주남산 아래에 아담하게 자리 잡은 남산동에서 시작되었다. 보슬보슬 내리는 여름비는 더위를 몰아내며 산책하기 그지없이 상쾌함을 제공하였다. 안개가 끼어 다소 몽환적인 분위기를 풍기는 남산의 자태를 감상하며 우리 일행은 남산을 등산하는 사람들을 상대로 영업하는 칼국수와 추어탕을 파는 식당 앞을 지나 한적한 마을 안으로 접어들자 아담한 공간에 자리 잡은 두 개의 석탑이 눈에 들어왔다.

이 탑은 흔히들 '남산리 쌍탑'이라고 부르는데, 지금은 경주가 시(市)니까 남산동이라고 불러야겠죠? 이렇게 쌍탑이 마주보는 게 신라 석탑의 가람배치에 있어서 기본이라고 했습니다. 그럼 저기 감나무가 있는 북쪽엔 아마 금당이 있었겠죠. 금당을 중심으로 해서 양쪽의 탑과 직선을 그으면 대칭되는 삼각형이 이루어집니다. 이쪽 남쪽에 절의 주출입구가 있었겠고, 출입구로 들어오면 탑을 만나고 그 뒤에 금당이 있었다는 말이죠. 이제 공간의 개념이 머릿속에 좀 잡히시죠?

지금은 절이 없고, 절 이름도 확실하게 전해진 게 없습니다. 양피사라는 절이 있었다는 등 여러 가지 이야기가 있는데, 이 탑을 '남산동 쌍탑'이라고 부릅니다.

그런데 여기서 특이한 점은 이 탑 두 개가 얼핏 보면 비슷하지만 서로 다른 형태를 띠고 있다는 겁니다. 보통은 동일한 탑이 두 개인데, 여기는 탑 두 개의 형식이 전혀 다릅니다. 동(東) 탑은 전형적인 탑, 즉 석가탑 계열의 표준 형식의 탑입니다. 반대로 서(西)탑은 일종의 이형(異形) 석탑인데, 이것도 석탑은 석탑인데 모전석탑입니다. 전탑을 모방해서 만든 석탑이라는 거죠. 석탑은 석탑인데 전탑 형식이라는 겁니다.

동탑의 지붕 기와를 서쪽 탑과 비교해보세요. 동탑은 지붕 기와

전탑 형식의 남산동 서탑

전형적 방형 삼층의 남산동 동탑

가 곡선으로 매끄럽게 내려오는 반면, 여기는 계단식으로 울퉁불퉁 층을 지며 내려옵니다. 이런 구조는 전탑, 즉 벽돌을 쌓아올렸을 때 나올 수밖에 없습니다. 위가 층계처럼 되어 있어서 전탑 형식의 탑이라는 것입니다. 기단 부분도 좀 다릅니다. 동쪽 탑은 표준 형식으로 상부기단, 하부기단의 이중 기단으로 만들어졌는데 서쪽 탑은 거대한 돌 4개를 그냥 두부 썰 듯이 뚝뚝 썰어서 올려놨습니다. 이런 형식의 탑은 굉장히 드물어요. 경주 시내 전체에서 이런 형식의 탑이 이 탑하고 서악동에 하나, 이렇게 두 개 정도밖에 없습니다. 굉장히 특이한 형식의 탑이라고 생각하시면 됩니다.

이 동(東)탑은 표준형인데, 아까 저희가 봤던 석가탑하고 다른 게 있을 겁니다. 기단 부분에 뭔가가 조각되어 있죠? 아까는 조각이 없었잖아요. 이게 신라 후기로 가면 나타나는 탑의 특징입니다.

여기가 상부기단, 그 아래가 하부기단입니다. 중층의 기단 위에 탑신이 서 있는 게 표준형식인데, 이 기단에는 그전에는 없었던 조각상들이 보이기 시작합니다. 석가탑을 표준으로 봤을 때 시기가 내려오는 겁니다. 9세기경으로 내려오면서, 즉 신라 후기로 갈수록 이런 장식적인 경향이 탑에 나타나기 시작합니다. 여기에는 상부기단의 동서남북 4면에 각 2개씩, 8개의 장식적인 조각상이 들어가는데, 이것을 '팔부신중' 또는 '팔부신장'이라고 하는데 우리가 익

남산동 동탑 상부기단에 조각된 팔부신중

원원사지 석탑은 상부기단엔 특이하게 12지
신상이, 일 층 탑신엔 사천왕이 각각 조각되
어 있다.

히 들어왔던 아수라, 건달바 등의 이름을 가진 8명의 신들입니다.
이 신은 원래 인도 고대의 신들인데, 그게 불교와 결합되면서 불
교의 신으로 들어온 겁니다. 불교의 세계를 지키는 신의 개념으로
자리 잡은 겁니다. 그런 신이 부처님의 탑을 지키고 있는 거죠. 불
탑이라는 것이 결국에는 부처님의 집이고, 부처님의 사리를 모신
곳이니까 부처님의 세계를 지키고 있는 것입니다.

어떤 탑에는 일 층에 사천왕(四天王)상이 들어가는 것도 있습니
다. 우리가 불국사 들어갔을 때 천왕문을 거쳐 들어갔죠? 그곳에
사천왕이 있었습니다. 사천왕은 8부신중 보다 격이 더 높아서 위
에 새기고 밑에 팔부신중이 있는 겁니다. 또 어떤 탑은 한 면에 구
분을 3개씩 하여 4면을 12개로 나누어 거기에 '12지신상'이 들어

간 탑도 있습니다. 경주에서 울산 가는 외동 쪽에 '원원사지'라고 있습니다. 거기 가면 12지신상이 탑에 새겨진 것을 볼 수 있습니다. 12지신은 12방위를 지키는 신이니까 그런 의미를 갖고 탑에 조각된 것으로 봐야죠. 이런 장식들은 모두 부처님의 세계를 지키는 신들이라고 보면 됩니다.

불국사에서 보았던 석가탑과 크기로 비교하면 어떻습니까? 보시다시피 크기가 작아졌습니다. 균형도 무너졌습니다. 이 탑과 석가탑을 비교해보면, 석가탑이 얼마나 아름다운 탑인지를 아실 수 있습니다. 조화와 균형, 비례미라는 것이 바로 거기서 나오는 겁니다. 그런데, 이걸 자주 봐야 그 아름다움을 느낄 수가 있습니다.

이 탑은 옥개받침이 5개인데, 좀 더 시간이 흐르면 신라의 석탑의 옥개받침은 4개로 줄어들게 됩니다. 그러니까 이 탑은 4개로 줄어들기 직전의 탑입니다. 변형되어가는 중간에 있는 탑이라고 보시면 됩니다.

기단의 가장자리에 있는 양각된 기둥을 '우주(隅柱)', 가운데에 있는 기둥을 '탱주(撑柱)'라고 부르는데, 이 탱주의 숫자에 주목을 해야 합니다. 상부기단에는 탱주가 한 개, 하부기단에는 두 개입니다. 석가탑은 상부기단에 두 개, 하부기단에도 두 개였습니다. 그러니까 상부기단의 탱주가 하나 사라진 겁니다. 즉 간략화된 것입니다. 그럼 시기상으로 후대가 되는 것을 알 수 있습니다.

지난봄에 우리가 봤던 감은사지 석탑은 탱주가 각각 몇 개였는지 기억하시나요? 상부기단은 두 개고 하부기단은 세 개였습니다. 이런

석가탑 상부 기단의 우주와 탱주

식으로 점점 소략화, 생략화되고, 탑의 크기도 작아지고, 옥개받침도 줄어지고, 탑 자체의 균형도 무너집니다. 탑의 지붕면의 경사도 급해집니다. 그러면서 탑이 전체적인 균형을 잃어갑니다. 고려시대에 들어가면 더욱더 모양이 망가진 탑들이 나오기 시작합니다.

이 탑은 통일신라 후기로 가면서 나타나는 장식적 경향을 보이는 탑이라고 보면 됩니다. 옥개석 아래 면을 보세요. 뭔가 홈이 길쭉하게 파여 있죠? '물 끊기 홈'입니다. 마침, 지금 비가 오는데 물이 아래로 뚝뚝 떨어지고 있죠? 저게 만약에 없으면 이 물이 옥개석 아랫면을 타고 탑신 안으로 스며들어 가기 때문에 그것을 막기 위해서 홈을 뚫어 놓은 것입니다. 옥개석의 모서리를 자세히 보시면 구멍이 뚫려있죠? 그럼 여기도 과거엔 풍탁이 달렸다는 것이죠. 바람이 불면 풍탁 소리가 나고 아주 정취가 있었겠죠?

옥개받침 5개와 물 끊기 홈, 그리고 풍탁을 매달았던 구멍 등이 잘 남아 있는 남산동 동탑

이 절이 언제 폐사됐는지는 알수는 없지만, 1960년대에 찍은 흑백사진들이 현재 남아 있습니다. 그런 사진을 분석해보면 여기도 민가가 들어서 있었습니다. 바로 여기로 민가의 담이 지나가고 그랬습니다. 그런데 이제 여기를 정

비하면서 집들을 다 없애고 현재의 이런 모습을 갖추게 된 겁니다.

보시다시피 이 탑도 취약한 상륜부는 사라지고 없습니다. 이 탑은 신라 후기로 넘어가는 과정을 이야기해 주는 탑이라는 정도로 이해해 주시면 됩니다. 탑의 각 층을 자세히 비교해 보면, 일 층에서 이 층으로 올라가면서 갑자기 높이가 급격하게 작아지죠? 이것이 우리나라 석탑의 가장 큰 특징입니다. 이 층으로 올라가면서 갑자기 비례가 깨지고 작아집니다. 서양인들이 만들었으면 그렇게 안 만들었을 텐데, 그럼 왜 이렇게 만들었을까요? 그것은 탑 밑에 서서 위를 올려다보는 사람을 시야를 고려해서 만들었기 때문입니다. 이렇게 만들어야 탑이 안정감 있게 보이는 겁니다. 만약에 수학적으로 비례를 맞추어 층간 간격을 줄였다면, 우리가 올려다봤을 때 탑이 균형을 잃고 위태하게 보일 겁니다. 보는 사람의 시선의 각도를 고려해서 안정감을 느끼도록 만든 구조라는 거죠. 탑 하나에도 상당히 디테일한 과학이 숨어 있는 겁니다.

우리나라 석탑의 기본 형식이 방형(方形) 3층, 즉 사각형의 3층탑입니다. 우리나라 절 어디를 가도 90%는 사각형으로 된 삼 층 탑이 있습니다. 탑은 3층 아니면 5층, 7층으로 올라갑니다. 홀수로 올라가는 이유는 홀수가 좋은 수인 양의 수이기 때문입니다. 드물게 10층짜리도 있는데, 제일 유명한 10층 석탑은 고려 때 만든 경천사지 10층 석탑입니다. 경천사지 터에 있던 석탑이었는데, 이것을 일제강점기 때 분해해서 일본으로 반출을 해갔습니다. 그것을 다시 돌려받아서 경복궁 회랑 쪽에 방치해놓다가, 광복 후 그 자

디테일 끝판왕, 경천사지 10층 석탑

리에 조립하여 전시하였는데, 나중에 다시 분해해서 용산의 국립 박물관 완공과 함께 로비에 가져다 놓은 겁니다. 그 탑은 재료인 돌 자체가 단단한 화강암이 아니고 다루기 쉬운 무른 돌 대리석이라서 굉장히 정교하게 조각이 되어 있습니다. 그런데 무른 돌이다 보니 비바람에 훼손이 잘됩니다. 훼손을 막기 위해 일부러 실내에 가져다 놓은 겁니다. 그다음으로 유명한 10층 석탑이 원각사지 10층 석탑입니다. 원각사지는 서울의 탑골공원 안에 있는데, 보존을 위해 지금은 유리케이스를 만들어서 넣어놨습니다. 그래서 밖에서 보면, 유리의 번들번들 거리는 현상 때문에 탑이 잘 안 보이는데, 이렇게 하는 게 정말 옳은 것인지에 대해 생각하게 됩니다. 원각사지 10층 석탑은 조선시대의 것이고, 경천사지 10층 석탑은 고려시대의 것입니다.

양식은 비슷하지만 딱 보면 차이가 납니다. 하나는 진짜 작품 같고, 하나는 미안하지만 짝퉁 같습니다. 왜냐하면 조선이 유교의 나라이다 보니, 불교에 힘쓸 여력이 없습니다. 대신에 고려는 불교의 나라죠? 경천사지 탑은 원나라의 영향을 받아서 만든 석탑인데, 원나라 기술자가 와서 만들었다는 이야기도 있는데, 굉장히 섬

보는 이가 안쓰러운 원각사지 석탑

세하고 화려합니다. 지붕의 기왓장 하나하나까지 디테일하게 표현했는데, 그에 비해서 원각사지 탑은 뭔가 빠진 것 같은 느낌이 듭니다.

서출지

'아니, 이런 곳이 있었나?' 보슬비 속에 남산동 쌍탑을 답사하고 운무가 신비로운 남산의 자태에 감탄하며 걸어오던 중, 우린 인솔자의 안내로 조그만 언덕 같은 곳으로 올랐다. 이내 눈앞에 무릉도원 같은 풍경이 펼쳐지면서 참가자들의 입에서 저절로 탄성이 새어 나왔다.

"지금은 약간 이르지만, 한 달쯤 뒤에 여기는 연꽃이 화려하게 핍니다. 그러면 뒤에 정자하고 어울려서 정말 예뻐요. 이 뒤에 있는 마을은 임 씨들의 집성촌입니다." 바로 이 연못이 서출지(書出池)입니다. 서출지가 무슨 뜻이냐면, 글 서(書)에 날 출(出), 연못 지(池)를 써서 글자 그대로 풀이하면, 글(책)이 나온 연못입니다. 삼국유사를 보면 이런 이야기가 있습니다.

신라 소지왕 때 이야기입니다. 신라에서는 임금을 부르는 별칭이 따로 있었습니다. 처음부터 왕(王)이라고 부르지 않았고 처음엔 '거서간', 그다음에 '차차웅', '이사금', '마립간'이라고 불렀습니다. 지증왕 때부터 왕이라고 부르기 시작합니다. 왕이라고 부르기 시작하는 지증왕 바로 앞에 있었던 왕이 소지왕입니다. 마립간의 마지막 시대라고 보면 됩니다.

소지왕을 살렸다는 글이 나온 연못 '서출지'. 연못과 정자가 어울려 한 폭의 그림이다

어느 날 소지왕이 제를 올리려고 남산에 출타를 했다고 그래요. 그런데 길에서 까마귀하고 쥐가 나타나서 울더랍니다. 그걸 신기하게 바라보고 있으니까 갑자기 쥐가 사람 말을 하면서 "저 까마귀를 따라가 봐라." 하더랍니다. 그래서 신하를 시켜서 까마귀를 따라가게 했대요. 까마귀를 따라서 가다가 여기에 있는 이 마을쯤 왔을 때 돼지 두 마리가 싸우고 있었다고 해요. 그런데 신하가 임금님 명을 잊어버리고 돼지들의 싸움을 구경하다가 까마귀를 놓쳤다고 합니다. 이 부근에서 이제 어쩌나 하면서 신하가 난처해하고 있는데 갑자기 연못 가운데에서 '펑!' 하더니 신령님이 나타나 금도끼 은도끼가 아닌, 봉투를 하나 주면서 '이것을 왕에게 가져가'라고 말했답니다. 그런데 봉투 껍데기에 '이걸 열어보면 두 사람이 죽고, 안 열어보면 한 사람이 죽는다'고 적혀있었다고 합니다. 임금이 생각하기에는 한 사람이 죽는 게 낫다고 여겨 열지 말라고 했습니다. 그런데 궁궐에 점치는 사람이 '아니옵니다. 전하. 여기서 한 사람이란 왕을 뜻하는 겁니다.'라고 하자 왕이 놀라서 바로 열어보게 되었습니다. 열어보니까 딱 세 글자가 적혀있었습니다. '사금갑(射琴匣)'. 쏠 사(射) 자에 거문고 금(琴) 자입니다. 갑(匣)은 상자 케이스를 말합니다. 즉 '거문고 케이스를 쏘아라'라고 돼 있었던 겁니다. 그래서 궁궐에 돌아오자 실내에 있던 큰 거문고 케이스를 향해서 화살을 쏩니다. 그 화살이 케이스를 관통하면서 꽥! 소리가 들리더랍니다. 그래서 열어보니 웬 중이 궁주와 정을 통하고 있었고 이들이 왕을 암살하려고 숨어있던 것이었습니다. 그래

엄청난 강풍과 많은 비가 예고되었지만, 보슬비가 내려 환상적이었던 경주 여름 기행. 아름다운 서출지를 배경으로 모두가 행복한 모습이 썩 보기 좋다.

서 봉투의 말처럼 두 사람을 죽이고 한 사람이 살아났는데, 그 살아난 사람이 왕인 겁니다. 그 전설이 만들어진 게 바로 이 서출지입니다. 그때부터 임금은 그 까마귀가 고마워 정월 보름날 여기서 까마귀에게 제삿밥을 만들어주는 풍습이 생겼다는 이야기가 있습니다.

사실은 우리가 전설이라는 것은 현대에 맞게 재해석을 해야 합니다. 아마 신라에서 불교가 들어와서, 불교가 공인되는 과정에서 빚어졌던 일화 중에 하나가 아닌가 싶어요. 불교가 공인되는 것은 소지왕 때로부터 조금 내려와서 법흥왕 때입니다. 그러면 그 이전까지는 불교가 공인이 안 됐다는 거죠. 전에 이야기했던 이차돈의 이야기처럼 당시에 불교가 신라에 정착되는 과정에서 불교와 토착 종교의 갈등을 심했었던 것 같아요. 중이 궁궐에 들어와서 궁주와 사통을 하고 있고, 왕을 죽이려 한다는 것이 불교 자체에 대해서 반대하는 그 당시의 분위기와 관계가 있었을 겁니다. 김대성의 전설도 불교가 전해진 다음에, 불교가 대중에게 퍼져나가는 과정에서 만들어진 전설이 아닌가 추측합니다. 예를 들어 곰이 김대성의 꿈에 나타나서 '나를 위해 절을 지어주면 용서해주겠다.'라고 했다는데 이 말은, 즉 절을 많이 지으라는 이야기이지 않겠습니까. 또 불국사와 석굴암을 만들면서 두 부모에게 효도를 했다는 것은 당시 그들의 윤리 기준이라든지 그들이 백성들에게 강조하고 싶은 종교나 기준을 설정해서 그것을 소문으로 만든 일종의 장치로서 해석해야 합니다. 전설을 전설로서만 보면 그걸로는 별다른 의미가 없습니다. 사실은 전설이 어떠한 메시지를 담고 있다는 겁니다. 감은사지에서도 용이 나타나고 만파식적을 만들고 하는 것들이 전부 왕권 강화의 장치였듯이 전설을 현대에서 재해석해야 그것이 살아있는 역사가 아닌가 생각합니다. 그런 의미에서 풍요로운 전설을 수록한 삼국유사는 현대의 우리에게 시사하는 바가 참으로 크다고 하겠습니다.

4장

옥룡암 부처바위

"여기서부터는 운치 있는 숲길을 걸어 조금만 가면 옥룡암이 나옵니다. 사실, 낭만적인 이 길은 가을이 제일 예뻐요."

인솔자의 이야기대로 버스에서 내려 옥룡암으로 올라가는 오솔길은 살포시 내리는 보슬비로 인해 더욱 낭만적이었다. 숲길의 오

암벽의 사방을 돌아가며 탑과 부처, 비천상, 사자, 스님 등 빈틈을 찾아보기 힘들 정도로 불국토를 구현해 놓은 옥룡암의 '부처바위'

른쪽으로는 조그만 개울이 흐르고 개울가를 장식하고 있는 단풍나무들은 왜 이 길이 가을이 제일 예쁜지 알 것 같았다. 단풍나무 우거진 돌다리를 지나니 조그만 암자가 나왔고, 우린 그 암자를 통과하여 뒤쪽으로 걸어가니 거대한 바위가 눈앞에 나타났다.

저희가 오늘 여기 온 가장 큰 이유가 무엇이냐면, 지금은 사라지고 없는 신라의 목탑을 보러 온 것입니다. 바로 저게 목탑을 바위에다가 새겨놓은 것입니다. 바위 절벽이 있죠? 절벽을 깎고 다듬어서 그 표면에 9층짜리 탑을 만들어놓은 겁니다. 왼쪽에 보이는 탑이 9층 탑이고, 오른쪽에는 7층짜리 탑입니다. 쌍탑이 마주 보고 있는 겁니다.

현재 우리나라에서 남아있는 목탑 중 가장 오래된 것이 법주사 팔상전입니다. 화순의 쌍봉사에도 오래된 목탑이 있었는데 그것은 84년도 즈음에 화재가 나서 잿더미가 돼버렸습니다. 그러니까 우리나라에는 현재 목탑이 거의 안 남아있습니다. 신라 때의 탑은 당연히 없죠. 법주사 팔상전은 조선시대에 만들어 놓은 것인데 그것이 우리나라에서 가장 오래된 목탑이지 않습니까?

현재 우리는 저 바위에 새겨진 9층 탑이 몽고의 침입으로 불타버린 황룡사 9층 목탑으로 강하게 추정하고 있습니다. 보시면 상륜부가 아주 화려하게 남아있습니다. 그리고 탑의 가장자리 처마를 보면 풍경(풍탁)이 달려있습니다. 이 조각을 보면 처마 끝에 조금 과장되게 표현되어 있는데 저게 다 풍탁입니다. 그리고 층마다 창문이 뚫려있습니다. 현재 황룡사에 가보면 황룡사 기념관을 만들어놨는데, 거기엔 사정상 목탑을 실물보다 작은 크기로 복원해놓았습니다. 그 복원이 기초가 된 게 여기 있는 탑 조각상입니다. 이 바위의 조각을 통해 당시의 목탑의 존재를 확실하게 알 수 있습니다.

여기 가운데를 보시면 부처님이 계시죠? 위에는 보개 또는 천개라고 부르는 지체 높은 분에게 씌우는 햇빛 가리개 같은 것이 있습니다. 여기 부처님은 연꽃 위에 앉아계십니다. 그리고 탑 아래쪽을 보면 사자 두 마리가 마주 보고 있습니다. 이쪽 탑 밑에 한 마리, 저쪽 탑 밑에 한 마리. 오른쪽 7층 탑 밑에 있는 사자는 갈기가 있는 것으로 보아 수놈인 것 같습니다. 이렇게 사자 두 마리가 부처님 세계를 지키고 있고 탑 두 개가 마주 보고 있으며 가운데에 부처님이 계시는 구도로 조각된 것을 볼 수 있습니다. 왼쪽에 있는 9층 탑 상륜부 꼭대기를 보면 뭔가가 음각이 되어 있죠? 그것은 비천상입니다. 에밀레종에 있는 천사처럼 천사가 아래를 내려다보고 있습니다.

이 바위를 부처바위라고도 부르는데, 이 바위 사면에 빼곡하게 불교와 관계된 조각들이 엄청나게 많기 때문입니다. 저기 가운데 부처님이 보이죠? 큰 부처님 옆에 협시불이 있고, 그 주위를 전부 하늘을 나는 비천이 원형으로 둘러싸고 있습니다. 천사는 상체만 조각되어 있습니다. 그다음에 오른쪽에 있는 작은 부처님의 대각선 밑으로 보면 스님이 목탁을 두드리고 있는 모습을 볼 수 있습니다. 보리수나무 아래서 수도하는 스님입니다. 사실 맑은 날에 오면 조각의 윤곽이 잘 안 보일 수도 있어요. 오늘 비가 오니까 전체적으로 윤곽이 잘 보이네요.

이 바위에서 제일 눈에 띄는 것이 중간에 계신 부처 세 분입니다. 본존불이 계시고 옆에는 시중드는 협시불이 계십니다. 본존불을 중심으로 세 분이 있으니까 삼존불이라고 부릅니다. 자세히 보

부처바위 북면에 있는 삼존불(우)과 석조입상(좌)

시면 바위에 조각된 부처님을 중심으로 약하지만 옴폭하게 공간이 파여 있죠? 그걸 감실(龕室)이라고 하는데, 이 감실로 인해 빗물이나 풍화에 의한 손상이 많지 않았던 걸로 보입니다. 그리고 가운데 부처님은 몸체가 약간 붉은색을 띠고 있죠? 과거엔 불상들을 채색했기 때문에 그 채색 흔적입니다. 석굴암의 본존불도 옛날에는 채색되어 있었습니다.

왼쪽에는 서 있는 부처님, 즉 입상이 있습니다. 두상이 일부 날아가 버렸죠? 이 불상의 가장 큰 특징은 몸체 부분과 다리 부분의 돌이 다르다는 것입니다. 이 밑에 발 부분을 따로 조각해서 돌을 위에 올려놓은 겁니다.

옛날에 여기는 무엇을 하는 곳이었을까요? 절이 있었습니다. 아마 추측건대 이쪽에 건물이 있었지 않았을까 추측합니다. 삼존불 위쪽의 바위 위에 올라가 보니 구멍 같은 것이 파여 있더라고요. 거기에 아마 지붕 시설을 하지 않았을까 추측합니다. 그리고 이 일대에서 기와조각이 많이 발견되고 있습니다. 그리고 아까도 보셨듯이 바위 사방을 돌아가면서 불교와 관련된 조각물을 새겼잖아요. 그것이 여기에도 보입니다. 굉장히 두상이 예쁜 스님이 수도하고 있는 모습을 볼 수 있습니다. 이것도 원래 아랫부분까지 다 드러나 있었는데 흙이 퇴적돼서 쌓여버린 겁니다. 과거에 찍은 사진을 보면 결가부좌하고 있는 모습까지 나와 있습니다.

이번 역사 기행의 주제가 신라 석탑이죠? 오늘 여기에 온 목적 중에 하나가 바로 이것입니다. 이 탑도 3층입니다. 우리가 오늘 봤

균형을 잃어버린 후기 석탑의 모습

던 탑들과 비교해보시면 상태가 좀 더 안 좋아진 걸 알 수 있습니다. 시기가 완전히 내려온 겁니다. 아마 신라 말이나 고려 초쯤이 되지 않을까 생각합니다.

이 탑에서는 상부기단과 하부기단 가운데에 아예 탱주가 없어졌습니다. 그다음에 옥개받침이 3개로 줄어버렸습니다. 물론 4개로 줄어야 하는데 이건 단계가 더 지나왔다고 보시면 됩니다. 3개가 있는 건 거의 드뭅니다. 거의 4개짜리가 많거든요. 그리고 지붕의 낙수면 각도를 보시면 급경사를 이루고 있습니다. 균형을 잃게 된 겁니다. 탑의 크기도 어떻습니까? 훨씬 작아졌습니다. 감은사지 탑은 한 층의 크기가 어마어마했는데, 여기서는 굉장히 작아졌습니다. 사실 자세히 보시면 탑의 일부분은 색깔이 다릅니다. 좀 하얀 색을 띠고 있는 돌이 새로 해 넣은 겁니다. 원래 이 탑은 누군가에게 훼손되어서 저 뒤의 계곡에 떨어져 있던 것을 주워 모아서 없어진 부분은 새로운 돌로 다듬어서 이렇게 세워놓은 겁니다. 사실은 이게 원래 이 위치에 있었던 것이 아닌 거죠. 원래는 다른 위치에 있었는데 이런저런 이유로 이렇게 여기에 둔 겁니다.

우리나라 절들이 수난을 당하면서 본격적으로 폐사가 되는 것이 언제쯤이라고 생각하십니까? 바로 조선시대입니다. 아까 말씀 드렸듯이 조선이라는 나라는 건국이념이 다릅니다. 조선을 건국한 세력이 '신진사대부'인데 그들의 이념은 성리학, 바로 유교였습니다. 그들이 나타났을 때 그 앞 고려의 이념이었던 불교는 세상을 이끌어갈 능력이 없다고 본 거죠. 그래서 성리학의 나라가 된 후 불교가 탄압받기 시작합니다. 옛날에는 마을 안에 절이 있었습니다. 현재 사람들이 절이라고 하면 전부 산에 있는 줄 아는데, 지금의 교회처럼 절이 마을에도 있었습니다. 그런데 이젠 절들이 쫓겨나서 없어지거나 외곽으로 빠져나가서 절들은 주로 교외 산속에 남아있는 겁니다.

그리고 불교 관련 건축물도 폐사가 되면서 파괴가 많이 됩니다. 오히려 일제 강점기에 일본인들이 한 것보다는 우리가 자체적으로 불교라는 종교를 이해 못 하고, 나라에서도 천시하니까 그런 식으로 훼손한 게 많아요. 오히려 일본인들이 흩어져있던 문화재를 복원시킨 경우가 있습니다. 대표적인 것이 '장항리사지 석탑'과 '원원사지 석탑'을 들 수 있습니다. 그건 원래 파괴돼서 다 무너져있었습니다. 유림들과 도굴꾼이 와서 파손시킨 것이지요. 그걸 다시 큰

돈을 들여서 그들이 제대로 보수하여 맞춰 놓았습니다.

대표적인 사람이 당시 교토 대학교에 재직 중이던 '노세 우시조'라는 일본 사람인데 그런 사람은 재력가이기도 하지만 문화재에 대한 애정과 탁월한 감각이 있었습니다. 물론 그들이 그렇게 한 것은 이유가 있습니다. 식민 지배의 이념적인

경주를 사랑했던 일본인 '노세 우시조'. 흩어져 있는 부재로 보아 원원사지로 추정된다.

수단입니다. '너희들은 정체되고 뒤떨어진 민족이다. 그렇기에 우수한 우리의 지배를 받는 것이 당연하다. 우리는 문화 민족이니까, 너희들 스스로 망가트린 것을 우리가 와서 복원하면서 보호하지 않느냐.' 이러한 고도화된 전략도 있습니다. 하지만 그 행위 자체를 볼 때는 할 말이 없는 거죠. 그러니까 무조건 덮어놓고 사람을 미워하지 말고, 제대로 알고 이야기를 해야 하지 않는가 생각합니다.

이젠, 신라 이후의 석탑 이야기를 하면서 2회에 걸친 역사 기행 신라 석탑 편을 정리하겠습니다. 신라가 망하고 고려가 되면 불교 국가이기 때문에 불교는 계속해서 융성합니다. 그러나 희한하게도 탑은 이전 시기에 비하여 별로 볼 게 없어집니다. 신라 때는 전국적으로 탑이 통일된 양식이었는데, 고려시대에 가면 지방마다 탑의 양식이 달리 나타납니다. 옛날 백제가 있었던 전라와 충청 일대에 가면 백제 계열의 탑이 만들어집니다. '미륵사지 석탑'이라

백제탑의 정수. 부여 정림사지 5층 석탑

고 들어보셨죠? 그다음 하나는 부여에 있는 '정림사지 5층 석탑'입니다. 백제의 석탑으로는 그 두 개가 유이하게 남아 있는 겁니다. 백제의 근거지였던 곳에서는 그 탑을 닮은 탑들이 만들어집니다. 반면에 경상도 쪽에서는 석가탑을 닮은 탑들이 주종을 이룹니다. 각 지역의 특색에 맞게 탑의 지방화 시대가 되는 게 바로 고려입니다.

고려시대의 석탑은 통일된 양식보다는 지방화된 양식으로 나타납니다. 고려를 만든 세력들이 지방 호족들인데, 각 지역의 호족이 주도하던 문화가 주류가 되니까 그런 양식이 나타난 것이 아닌가 생각해볼 수 있습니다. 고려는 각 지역마다 특성에 맞는 탑들이 나타나면서 이전보다는 탑에 대한 관심도가 줄어들고 대신 회화나 불상 쪽으로 그 관심이 옮겨가게 됩니다.

우리나라 역사를 통털어서 석탑의 가장 정점을 이룬 것이 8세기 중엽의 석가탑입니다. 모든 것은 사이클 곡선을 그려요. 정점에 올랐다는 것은 결국 더 이상 올라갈 곳이 없고 내려가야 한다는 것입니다. 그러니 정점이 무조건 좋은 것은 아니죠. 국력이나 경제를 바탕으로 문화가 같이 움직이는 겁니다. 8세기 중엽이 되면, 불국사가 만들어지는 그 과정이 통일신라 문화의 전성기입니다. 불국사 등 우리가 경주하면 떠오르는 중요한 문화재들이 거의 그때 만들어집니다. 8세기 후반부터 9세기가 되면서 국가의 쇠퇴와 함께 탑의 균형미가 떨어지게 됩니다. 그러다가 고려가 건국되면서 지방마다는 지방색이 있는 탑들이 새로이 나타나면서 새로운 세상이 열리는 겁니다.

어때요? 탑의 변화를 통해 신라 역사의 변화 과정과 문화와 정치, 국력의 상관관계를 이해하는 데 조금이나마 도움이 되었나요?

그간 봄과 여름, 2회에 걸친 역사 기행에 동참하시느라 수고 많았습니다. 다음엔 신라 고분(왕릉)의 흥망성쇠를 통해 신라의 역사를 전반적으로 이해하는 프로그램이 준비되어 있습니다. 곧 이어질 가을과 겨울의 기행에서 다시 만날 것을 기약하겠습니다.

해제

왜 경주 기행인가

왜 지역문화재 및 일상문화유산 기행인가

신라석탑 기행 참가자들의 느낌

왜
경주 기행인가

(Q.) **이미식:** 부산 교육연구소 소장

(A.) **정옥승:** 역사 기행 인솔강사(부산교육연구소 부소장)

역사 기행 인솔 중의 '마파두부' 정옥승

Q. 선생님이 처음으로 실시한 역사 기행에 대해 자세히 설명해주세요.

A. 대학에서 역사를 전공하던 시절인 신입생 때, 학과에서 실시하던 봄 역사 기행이 기억에 남습니다. 아마 첫 역사 기행이기도 했지만 벚꽃이 비와 함께 떨어지던 비 오는 봄날 저녁에 적막을 뚫고 퍼져 나가던 산사의 법고 소리 때문인 듯싶습니다. 법고를 두드리는 스님들의 모습과 빗속에 날리던 벚꽃, 그리고 비안개가 피어오르던 산사가 어울려 몽환적인 모습으로 기억에 남았기 때문이겠죠. 역시 결정적인 것은 이미지인 것 같습니다.

Q. 선생님이 역사 기행을 시작하게 된 동기와 지속적으로 하게 된 계기는 무엇인가요?

A. 오래된 흑백사진을 보면 마음이 '짠~' 해지는 경우가 있습니다. 사진 속에는 해맑게 웃고 있는 어린아이나 삶에 힘겨워하는 사람들의 표정이 잘 드러나 있지요. 그런데 그들은 이제 이 세상에 존재하지 않고 그들이 있던 배경에 있는 자연이나 인공적 건축물 등은 세월을 이겨내고 지금까지 존재해 있는 경우가 허다하죠. 인간이라는 존재가 그런 경우 다소 연민을 불러일으키는 존재가 되더군요. 물론 저도 그 속에 포함이 될 수밖에

요. 단재 신채호 선생의 이야기 중에서 기억에 남는 말이 있습니다. 그는 역사를 구성하고 있는 요소를 시(時), 지(地), 인(人)으로 보았죠. 시(時)가 바뀌니 지(地)는 그대로인데, 인(人)은 없습니다. 좀 쓸쓸해지더군요.

언젠가부터 폐 사지나 탑 등을 찾아 떠나는 시간이 많아지게 되었습니다. 역사 기행 인솔하는 경우를 제외하면 주로 혼자서 가는 경우가 많았습니다. 물론 결혼 후에는 가족과 같이 가는 경우도 있고…. 빈 절터나 고분 사이에서 가끔 생각을 해요. 내가 여기에 왜 와 있는가를 거기서 한때를 머물면, 지금은 사라진 옛사람들을 만나고 한때 화려했던 그곳의 모습을 보게 됩니다. 그러다 보면 '나 자신을 찾아 떠난 것은 아닌가' 하는 생각을 가장 많이 해요. 어느 지인이 이런 말을 하더군요. "기행은 자신을 찾아 떠나는 여행이다." 그 말이 가장 정확한 것 같아요.

Q. 역사 기행을 준비할 때 가장 중요하게 고려하는 것은 무엇인지요?

A. 글쎄요…. 가급적 그 장소가 역사적 스토리가 있는 의미 있는 곳이라면 좀 더 매력적이겠죠. 일단은 지도를 보면서 도상으로 그 장소와 미리 만나죠. 지금은 자가용과 내비게이션이 보편화되어 있어서 중요성이 떨어지지만 지도에서 가상으로 만나 보

는 이미지 메이킹을 통해 동선을 짜고 자료 수집을 통해 유물과 주변 환경, 역사적 고찰 등에 들어갑니다.

혼자 가는 기행이 아니고 단체 기행일 경우는 구성원의 성향파악과 식당의 변수를 우선적으로 고려합니다. "역사 기행의 꽃은 식사와 뒤풀이다!"라는 말이 자연스럽게 만들어 지더군요.

Q. **경주 역사 기행의 매력은요?**

A. 부산에 사는 사람들은 경주의 중요성을 제대로 인식하지 못하는 경향이 있는 것 같아요. 일단, 지리상으로 1시간이면 도착하니까 사무친 그리움과 애태움이 없어서 그런가 하고 생각합니다. 좀 쉽게 생각하는 경향이 있다고 해야 할까요? 그리고 경주를 잘 알고 있다는 근거 없는 자신감? 그런데 물어보면 주로 불국사, 첨성대, 경주 랜드, 보문단지…. 이런 일반적인 정도죠.

역사 기행 인솔 때 늘 듣는 이야기가 경주에 이런 곳이 있었는지 처음 알았다는 이야기입니다. 평소 우린 공기의 고마움을 모르잖아요. 경주는 1000년간 한 나라의 수도였습니다. 수많은 문화재와 하늘의 별만큼 수많은 이야기와 전설이 남아있는 곳입니다. 한국뿐 아니라 세계적으로도 이런 곳이 흔하지는 않을 것입니다.

Q. 선생님이 경주에서 가장 좋아하는 역사적 공간은요?

A. 저는 빈터를 좋아합니다. 석양 무렵의 황룡사와 경주남산 꼭대기에 있는 고요한 용장사지에 앉아 있으면 기분이 썩 좋더군요. 그곳엔 많은 사연과 이야기들이 있었던 곳이죠. 김시습이라고 다들 아시죠? 천재 김시습이 세상과 불화하여 속세를 떠나 들어간 곳이 바로 용장사입니다. 거기서 그의 문학 세계가 꽃피게 되고 그 절터엔 용장자시 삼층석탑이라는 정말 예쁘고 단정한 탑이 천년 세월을 견뎌 우뚝 서 있습니다.

그 탑 아래에서 생각합니다. '나는 김시습을 만난 적이 없는데, 이 탑은 김시습을 만났을 것이고 같은 공간에서 나도 만나고 있구나.' 석조 건축물의 위대성을 깨닫게 되죠. '전(傳)신문 왕릉'도 좋고, '성덕 왕릉'도 '흥덕왕릉'도…. (웃음) 좋은 곳이 너무 많네요.

Q. 요즈음 초·중등학생들이 신라 및 통일신라 역사 기행을 통해 자신의 정체성을 형성하는데 어떤 도움을 주고 싶은지요?

A. 현대를 살아가는 아이들은 그전 세대와는 너무나 다릅니다. 특히, 최근 들어서는 스티브 잡스에 의해 세상이 확 바뀌었다고 생각합니다. 잡스가 세상을 바꾸었다는 생각엔 동의하지만,

이것이 순기능만 있는 것은 아니더군요.

부모라면 누구나 공감할 겁니다. 요즘 아이들은 스마트폰의 노예지요. 길을 가면서도 스마트폰을 보면서 걸어가고 조금이라도 시간이 나면 스마트폰에 얼굴을 박고 삽니다. 어찌 보면 잠시라도 무료한 시간이 나는 것을 못 견뎌 하는 것 같다고나 할까요? 한번은 학생들을 데리고 등산을 간 적이 있습니다. 산을 오르다 지쳐서 잠시 휴식시간을 주니, 친한 친구들끼리 삼삼오오 사이좋게 모여 앉더니 황당한 일이 벌어지더군요. 각자 스마트폰을 꺼내어 게임에 몰두하더군요. 한 마디 대화도 없이….

이런 아이들은 역사와 인간, 그리고 자신에 대한 성찰이 어느 수준까지 가능할까 하는 생각이 듭니다. 긴 설명이 필요 없습니다. 이런 아이들에게 역사 기행이 필요합니다.

"어머님, 저를 전적으로 믿으셔야 합니다."

Q. 지금까지 경주 역사 기행 가운데 재미있는 일화가 있다면 소개해 주세요. 특히 역사 기행 참여자들이 긍정적인 변화를 경험한 일화가 있다면요?

A. 재미있는 일화와 변화는 매번 일어납니다. 특히, 자녀를 데리고 온 부모의 경우는 부모님은 너무 재미있어하면서 역사 기행에

빠져드는데, 자녀들은 도살장에 끌려온 소처럼 시큰둥하며 무표정? 그러나 시간이 지나면서 점차 아이들에게도 변화가 찾아옵니다. 물론, 집에 갈 때까지 시크한 매력남(?)들도 있지만.

한번은 모 학교 학부모회 초청으로 부모와 자녀들이 동행하는 역사 기행을 실시한 적이 있습니다. 경주 남산에 올랐는데, 별생각 없이 산을 오르다 좀 이상한 느낌이 있어 가만 주변을 살펴보니, 배낭과 무거운 짐은 모두 부모들(특히, 어머니들)이 지고 있고 아이들은 시큰둥한 표정으로 산을 오르고 있더군요. 그러다가 잠시 쉬면 어머님들은 물이나 간식을 꺼내 줘도 아이들은 고마워하는 표정이 아니더군요. 그럼, 어머님들은 아이들 얼굴의 땀까지 닦아 주시고. 눈물 없이 볼 수 없는 감동적인(?) 모습이었습니다. 늘 봐오던 너무나 익숙한 모습입니다. 중1이라면 모르지만 2, 3학년이면 엄마보다 더 크고 저보다 큰 녀석들도 많습니다. 그래서 제안이 아니라 강제집행을 했습니다.

"부모님들, 지금부터 짐을 아이들에게 주시고 빈손으로 산을 오르세요."

그때 순식간에 돌변한 부모님들의 환한 표정과 아이들의 먹구름 낀 얼굴이 가장 기억에 남는군요.

Q. 위의 질문 외에 역사 기행 중 갈등이나 힘든 점이 무엇인지요? 그리고 그것을 해결하는 방법이 무엇이었는지요?

A. 갈등은 그리 많지 않았습니다. 참여자들은 대부분 자발적이고 목적의식을 가지고 참여하니까요. 앞에서 이야기했지만, 이렇게 좋은 프로그램을 자녀에게 소개해 주고 싶은 열망이 강한 부모님에 의해 자녀들이 강제로 오는 경우가 좀 문제가 되겠죠. 부모는 초롱초롱한 눈망울로 시종일관 적극적으로 참여하며 감동과 재미를 느끼는데, 아이들은 그렇지가 않은….

제 생각엔 문제는 자발성의 유무에 있지 않을까 합니다. 사실, 아이들 중에서 처음부터 역사 기행을 흥미 있어 하는 경우는 흔하지 않습니다. 그들이 흥미를 갖는 것은 현실상에 존재하지 않는 사이버 공간이니까요. 참, 그러고 보니 역사 기행에서도 현실에 존재하지 않는 가상의 세계를 만날 수 있어 좀 통하는데… 지나치게 교육적 목적으로 아이들을 데리고 오면 큰 효과가 없습니다. 그냥, 휴일 한때를 가족과 함께 자연을 벗 삼고 역사적 공간과 유물 속에서 부담 없이 즐기러 간다는 생각으로 오셔야 합니다. 시간이 지나면 아이들도 처음과는 달리 흥미를 보이기 시작할 것입니다.

저도 처음엔 교육적, 지식적 열망이 강해 학생들에게 무리수를 두곤 했는데 이젠 자연스럽게 유도하는 방법을 씁니다. 그것이 오히려 효과가 좋습니다. 그런 결과에 이르게 하는 데 큰 역할을 하는 장치가 '맛있는 식사'입니다. 금강산 구경도 식후 경이라고 하지요. 그 말은 만고의 진리입니다. 그래서 가급적 역사 기행을 떠나면 지역의 숨겨진 맛집을 찾아 섭외를 합니다. 흥미 없는 아이들도 맛있는 식사에는 100% 만족하면서 풀어지더군요.

참, 나이가 어린 자녀들일수록 시간이 지날수록 집중력에 한계가 있으니 오후 일정 때가 되면 부모님의 격려와 은근한 협조가 필요합니다. 그리고 에너지가 지나치게 넘치는 자녀는 그냥 다른 사람들에게 폐를 끼치지 않는 범위 내에선 역사 기행은 잊어버리고 그냥 자유롭게 뛰어놀 수 있도록 하는 것이 좋습니다. 맑은 공기와 드넓은 공간은 요즘 자주 경험할 수 있는 경우가 아니니까요.

Q. 경주 역사 기행은 선생님의 인생에 어떤 변화를 주었는지요?

A. 앞에서 말했지만 역사 기행은 보다 진지하게 나 자신을 돌아보는 계기가 되었습니다. 옛사람들을 만나는 시간이었고 시간과 공간, 그리고 인간을 통해 세상을 보는 눈이 좀 바뀌었다고 할까요? 아마 가랑비에 옷 젖듯 서서히 스며들어 왔을 겁니다.

Q. 처음 경주 역사 기행을 준비하는 선생님, 학생, 학부모들이 해야 할 일이 무엇인지 구체적으로 설명해 주신다면은?

A. 이것도 앞에서 이미 이야기했지만, 너무 거창한 욕심은 버리고 가볍게, 그러나 진지하게 접근하세요. 효과적인 기행을 위해서는 미리 대상을 지정하고 동선을 짜며 각종 정보를 수집하는 데도 신경을 쓰셔야 합니다. 요즈음은 인터넷이 발달하여 과거에 비해 정보를 수집하는 데 큰 힘이 들지 않는다는 장점도 있지만, 쉽게 얻은 것은 쉽게 사라집니다. 수많은 정보의 홍수 속에서 제대로 된 알찬 정보를 수집하셔야 할 것입니다.

이것도 힘들면 주변에 수소문하여 좀 경험이 있는 분들께 조언을 구하거나 부탁하는 것도 좋겠지요. 상식이지만 현장에서는 매너를 지키시고 유물과 자연은 자연 그대로 두셔야 합니다.

비가 살포시 내리는 날은 다소 귀찮지만, 오히려 역사 기행하기엔 최상의 조건이다.

왜 지역문화재 및
일상문화유산 기행인가

이미식(부산교육대학교 윤리교육과 교수)

학생들의 인격적으로 성장하려면 개인의 노력뿐만 아니라 이들의 인격적 장을 지원하는 사회 문화적 환경이 제도적 차원에서 구축되어 있어야 한다. 그 가운데서도 지역사회는 사회 문화적 차원의 중요한 도덕적 환경이다. 학생들이 일상적 삶이 이루어지는 시·공간이기 때문이다.

지역사회는 행정적 차원의 물리적인 거주지로서 공간을 의미할 뿐만 아니라, 지역 문화. 의식 등 정신적 가치를 공유하는 공동의 공간이다. 즉 지역사회는 지리적인 위치로써 공간(geographical area)인 물리적 장소(district)이며, 지역 구성원들의 공동의 관심과 의식을 공유하는 기능적 지역사회(functional community), 가상적 지역사회(virtual community) 등을 포함한 의미로써 지역 구성원들이 밀접한 관계를 갖고 일상생활을 영위하는 사회적 단위이다.

지역사회는 학생들의 인격 발달에 관한 공동의 관심과 의식을 공유하며, 책임감을 갖고 이를 지원할 수 있는 제도가 구축되어야 한다. 동시에 지역사회 구성원인 학생들의 자발적인 관심과 참여가 이루어질 수 있는 환경 조성을 위해 노력해야 한다. 즉 지역사회가 생태학적 체계로서(ecological system) 역할을 자각하고, 학생들의 자발적인 참여가 가능할 수 있는 지역사회 만들기(community building)를 해야 한다.

지역사회와 문화유산의 및 생활문화 유산의 의미

지역사회(local community) 개념은 일반적으로 지역 구성원들이 거주하고 있는 물리적 공간으로 이해된다. 물론 지역사회(region, district, geographical area)는 지리적 위치, 경계, 행정 단위를 의미하지만, 지역사회 구성원들이 살아가는 문화적 및 정신적 공간이다.

지역사회의 어원인 kommein[1] 의미에도 이러한 의미는 분명하게 나타난다. 지역사회 어원은 일정한 지역 안에 성립되어 있는 생활 공동체로 지역성과 지역 단위에 기초한 사회, 지역 중심의 일련의 집합적인 실천과정이 포함되어 있는 의미와 가치를 공유하는 공간을 의미한다. 지역사회는 지리적 경계를 가지는 일정한 공간적 범위 안에서 경제, 사회, 문화적으로 상호 유대와 의존적인 관

---

[1] 위의 글은 초등도덕교육 제58집, 2017. 12, 한국초등도덕교육학회에 실린 글을 수정한 내용입니다. kommein은 교환이라는 뜻의 mei, 함께라는 뜻의 kom이 합쳐져 '함께 선물을 주고받는 것'이라는 의미를 담고 있다.

계를 형성하면서 지역적, 문화적 정체성을 지니고 살아가는 사람들의 집단이라고 할 수 있다.

학교 교육 차원에서 지역사회는 학생들의 인격 함양을 학습할수 있는 정신문화적 공간으로써의 의미가 강조되어야 한다. 지역사회는 지역성, 언어, 문화를 공유하고 삶의 의미와 가치를 학습할수 있는 일상생활 공간이기 때문이다. 등·하굣길에 만나는 이웃들과 하는 인사, 이들과 나누는 대화, 역사를 담고 있는 문화유산등 일상적 경험은 학생들이 살아가는 방법 즉 노하우를 체득하는경험이다.

특히 지역사회는 학생들이 가족과 달리 낯선 타자를 만날 수 있는 공간이다. 가족은 혈연관계로서 학생들이 자신들과 동일시할수 있는 관계이지만 지역사회 구성원들은 나와 다른 낯선 타자들이다. 낯선 타자들과 관계 형성은 타자의 관점에서 사람살이를 학습할 수 있는 교육 기회가 된다. 초등학생들의 경우 '나와 타자와의 관계 설정, 타자의 견지에서 자신을 성찰하고 반성할 수 있는적극적인 능력이 발달해야 하는데, 이러한 능력은 낯선 타자와의관계형성 과정에서 성장할 수 있다.

이외에도 지역사회는 지역의 전승된 역사 등을 통해 지역적 정체성을 형성하고, 그 과정에서 삶의 가치와 의미를 탐구할 수 있는 공간이다. 지역사회에 편재하는 문화재 및 생활문화유산은 일상적 삶의 역사적 기억이자 기록으로써 시·공간적 존재로서의 현재를 경험하고 재현하는 과정에서 일상적 삶의 의미와 가치를 발건하고 실현할 수 있도록 하는 학습 자료이다.

그런데 지역사회가 과학기술의 발달로 인한 이동의 간편화, 경제적 가치 수단으로 변질되면서 삶의 공간이자 삶을 배우고 학습하는 공간으로서 역할이 축소되고 있다. 특히 인터넷 통신과 미디어의 발달은 낯선 타자와 관계 형성을 힘들게 하여 지역사회의 닫힌 문화를 팽배시키고 있다. 이외도 소비문화 및 물신주의로 인한 계량화된 사고 등으로 인한 타자와의 관계가 두려운 문화(한병철, 2017.15)는 지역사회와 관계를 단절시키는 원인으로 작용하고 있다. 초등학생들도 예외가 아니다. 사람살이 환경으로서 지역사회 만들기 문화적 풍토가 조성되어야 하고, 학생들도 지역사회 공간에서 삶을 자연스럽게 학습할 수 있어야 한다.

그러면 학생들의 인격을 함양하고 도야할 수 있는 내용과 방법을 학습할 수 있는 지역사회 공간이 되려면 지역사회는 어떻게 변화되어야 하는가?

첫째, 학생들이 친밀감을 느끼고 상호작용을 할 수 있는 공간이 되어야 한다. 지역사회가 거주하는 공간일 뿐만 아니라, 학생들이 삶의 가치와 목적을 배우고, 이를 통해 소속감을 가질 수 있는 공간이 되어야 한다. 즉 학생들이 인격적인 인간관계를 맺을 수 있어야 한다.

사실 지역사회는 '나 '혹은 가족의 경계를 넘어선 낯선 타자와 친밀한 관계를 형성할 수 있는 공간이다. 가령 학생들의 경우 지역사회 구성원으로서 나눔이나 봉사에 직접적으로 참여하고, 그 이후 지역 구성원들로부터 공감적 지지 혹은 격려 등을 받으면 친구 관계보다도 타자의 관점에서 자신을 수용할 수 있는 능력이 발달할 수 있다.

둘째, 학생들이 '사이 존재'로써 존재적 의미와 가치를 학습할 수 있는 공간이 되어야 한다. 지역의 문화재 및 생활문화유산은 학생들이 사이 존재로서 존재적 가치를 발견할 수 있는 유산이다. 학생들이 인격적으로 성장하려면 '나'의 현재, 공간 등에서 자신의 좌표를 설정해야 한다. 좌표는 방향을 설정하게 하는 힘이다. 학생들이 좌표를 설정하려면 유의미한 타자를 모델링하는 경험, 미적이고 의미적인 가치를 통합할 수 있는 구체적인 경험 등이 필요하다. 지역의 문화재 및 생활문화유산은 지역의 과거와 현재, 미래가 연결되고 이어지는 삶의 기록이 담긴 유산이다. 문화재 및 생활문화유산은 유무형의 유물뿐만 아니라 현재 지역사회에 살고 있는 사람들의 삶이 담긴 유산이기 때문에, 문화유산과 만나고 소통하는 과정에서 시간과 공간, 인간을 잇는 것을 배울 수 있다. 중요한 것은 학생들이 문화재 및 생활문화유산을 객관적 지식이 아닌 내적이고, 정신적으로 만날 수 있어야 하고, 삶의 의미와 가치로 만날 수 있어야 하는 것이다.

셋째, 학생들이 사회적 역할(social practices)을 학습할 수 있는 공간이 되어야 한다. 학생들이 사회의 구성원으로 살아간다는 의미는 한 가정의 자녀, 학생, 지역 구성원으로서 역할 뿐만 아니라 어른이 되어서도 사회 구성원으로서 다양한 역할을 가치 있게 수행할 수 있다는 것을 의미한다. 사회적 존재로서 인간이 사회적 역할을 수행하려면 삶의 방법(know-how)에 대한 자각, 자각을 실천할 수 있는 의지와 용기 등이 있어야 한다. 사실 지역사회는 학생들이 사회적 역할을 배울 수 있는 학습 공간이다. 지역 구성원들 각자가 현재 사회적 역할을 수행하면서 살고 있기 때문이다[2].

이외에도 지역사회는 학생들을 돌보고 양육 및 훈육이 가능한 학습 공간이 되어야 하며, 학생들이 삶의 기록을 시각으로 확인하고, 몸으로 느낄 수 있는 미적 체험 공간이 되어야 된다.

그리고 지역사회가 이러한 역할을 수행하려면, 행정적이고, 제도적인 차원에서 노력뿐만 아니라 학생들도 지역사회를 삶의 공간으로 만드는 데 참여할 수 있어야 한다. 학생들이 지역사회를 삶의 공간으로 만드는 방법 가운데 하나는 문화재 및 생활문화유산의 가치를 몸으로 경험하는 것이 출발이다.

지역의 문화재 및 생활문화유산의 가치

위에서 고찰할 것처럼 지역사회가 학습 공간이 되려면 학생들의

---

[2] 사회심리학인 미드는 타인을 관찰하는 주체의 입장에서 벗어나 타인에 의해 관찰되는 객체의 입장이 될 수 있어야 도덕적인 행위뿐만 아니라 비도덕적 행위를 반성 및 수정할 수 있다고 한다. 그는 역할 채택의 능력이야말로 사회를 유지·존속시키는 과정으로 본다(이승훈, 2014,456).

역할이 중요하다. 즉 학생들이 자신을 지역사회와 관계적 존재로서의 모습을 자각할 뿐만 아니라 참여와 실천을 통해 인격을 성장을 지향하는 지역사회 구성원으로 살 수 있어야하기 때문이다.

그러면 현재 학생들이 지역사회를 '나'와 관계성의 측면에서 학습하고, 지역적 정체성을 확립하는 과정에서 삶의 의미를 모색하고, 인격을 향상하는 기쁨을 가질 수 있는 내용과 방법이 보완되어야한다. 지역사회에 편재해 있는 문화재 및 생활문화유산(local life cultural heritage)은 효과적으로 활용할 수 있는 학습 매체이자 자료이다.

지역의 생활문화유산은 광의의 지역문화유산(local cultural heritage)에 포함되는 유산이다. 지역문화유산은 지역문화재와 지역문화유산을 포함한다. 지역문화재(local cultural properties)는 지역 역사의 산물 중 역사상, 학술상, 예술상 가치가 높은 유·무형의 산물이며, 다음 세대에 전승해야 하는 유산으로서 지역성과 가치성, 의미성, 역사성이 담겨있는 전승되어야 할 유산이다[3]. 대부분의 지역문화재는 시·도지사가 즉 행정기관이 시·도 지정문화재로 지정되

---

[3] 문화재는 크게 두 가지로 분류한다. 문화재보호법에서 보호하라고 규정하고 있는 지정문화재와 다른 하나는 문화재보호법 또는 시·도의 조례에 의해 지정되지 못한 것들 가운데 문화재적 가치가 있는 비지정문화재'로 구분할 수 있다. 지정문화재는 지정하는 주체에 따라 국가지정문화재 국보 보물 등 중요 무형문화재, 사적 명승 천연기념물 및 중요 민속 자료, 시·도 지정문화재인 유형문화재, 무형문화재, 기념물 및 민속자료와 문화재 자료로 분류된다(장호수, 2015, 82-95).

지 않은 문화재 중 향토 문화 역사성, 보존 가치성 등을 고려하여 선정 한다[4].

행정기관이 지역문화재를 선정하는 것에 비해 지역사회 문화유산은[5] 지역 구성원들이 지속적으로 발굴할 수 있으며, 선정 과정에도 참여 가능한 유산이다. 지역문화재보다는 지역 구성원들의 직접적인 참여가 가능한 유산인 것이다. 이 가운데 최근 지역사회 만들기 차원에서 관심을 갖고 개발하는 지역문화유산 가운데 하나가 생활문화유산이다.

이렇게 볼 때 지역의 문화재 및 생활문화유산은 지역문화유산에 속하며, 지역사회에서 삶을 풍요롭고 편리하며 아름답게 만들어 가는 지역 구성원들에 의해 습득, 공유, 전달되는 행동 양식 내지 생활양식이 담긴 유산에 해당된다. 즉 의식주, 종교, 문화, 예술, 전통의례, 전통놀이, 취미, 여가생활 등과 같은 일상생활 양식이나 삶의 가치와 태도를 기반하고 있는 유·무형의 문화유산이다.

그러므로 지역의 문화재 및 생활문화유산은 지역문화재의 역사

---

4) 문화재보호법에는 유형문화재: 건조물, 전적(典籍), 서적(書跡), 고문서, 회화, 조각, 공예품 등 유형의 문화적 소산으로서 역사적·예술적 또는 학술적 가치가 큰 것과 이에 준하는 고고자료(考古資料)를 의미하고, 무형문화재는 연극, 음악, 무용, 놀이, 의식, 공예기술 등 무형의 문화적 소산으로서 역사적·예술적 또는 학술적 가치가 큰 역사적 산물을 의미한다.

5) 지역문화유산은 지역에서 발굴된 문화유산을 의미한다. 문화유산의 의미는 유·무형의 문화재를 포함하며 역사적으로 계승된 생활문화를 통칭한다. 문화유산에는 고고학적 유산과 유물, 건축물(옛터, 유명한 건물, 도시 전체), 예술, 조각, 공예품, 미술, 축제, 음악과 춤, 영화, 연극, 언어와 문헌, 여행, 종교적 축제, 성지와 민속적 또는 원시적 문화와 하위 문화 등이 포함된다(김시범, 2012, 173-174).

성, 보존가치성, 지역성 이외에 일상생활의 생활 경험과 의미성, 가치성, 역사성에 가치를 두고 있다. 특히 생활문화유산은 지속적으로 개발되는 과정에 있는 유산이며, 지역구성원들의 현재의 일상적 삶과 전승된 역사적 삶을 동시에 경험할 수 있는 유산이다(대안사회를 위한 일상생활연구소, 2017.2). 그리고 지역의 생활세계를 담지하고 계승하는 유산으로서 시간과 공간, 인간, 즉 사이 존재로서 인간의 삶의 역사적 흔적을 체험할 수 있는 유산이다. 따라서 지역의 문화재 및 생활문화유산은 학생들이 친밀하고 일상적으로 접근 및 활용할 수 있다. 지역의 문화재 및 생활문화유산이 갖는 가치를 구체적으로 정리하면 다음과 같다.

우선 지역의 문화재 및 생활문화유산은 지역사회와 '나'라는 관계에서 정체성을 형성하고, 이를 통해 사회적 존재로서의 삶의 의미를 모색하는 데 도움을 줄 수 있다. 사실 학교 교육은 지역사회 구성원으로서 사회통합을 할 수 있는 능력을 함양하는 것을 목적으로 한다. 사회통합은 지역사회 구성원으로써 학생들이 지역사회의 어떤 공통과 가치와 판단기준, 행위규범을 공유함으로써 전체적으로 조화롭고 질서 있는 공동체적 삶을 영위하는 것을 지향하는 것을 의미한다(도덕4 교사용 지도서, 2014,59). 사회통합을 하려면 학생들이 지역정체성을[6] 형성할 수 있어야 한다. 지역정체성을 형

---

[6] 지역적 정체성은 개인이 가지고 있는 하나의 사회에 속한 구성원으로서의 형성하는 정체성으로, 자신이 속한 지역사회에 대한 구성원으로 갖는 소속감, 공동체 의식 등으로 나타난다.

성하려면 삶의 공간인 거주지가 변경된다고 해도, 살고 있는 동안 만큼은 정신적 고향이 되어야 한다. 자신이 살고 있는 공간인 지역 사회가 고향처럼 느껴져야 지역정체성이 형성된다.

지역의 문화재 및 생활문화유산은 학생들이 지역적 이질성을 통한 동질성, 동질성을 통한 이질성을 경험하면서 정체성을 형성하는 데 도움을 준다. 문화재 및 지역에 편재해 있으며, 보편적인 삶의 아름다움, 가치가 전승된 유산이기 때문이다.

둘째, 지역의 문화재 및 생활문화유산은 전승한 사람들의 삶을 직접 만날 수 있는 유산이기 때문에 가치가 있다. 학생들은 지역의 생활문화유산의 전승자들을 직접 만날 수 있다. 즉 집 근처에 있는 오래된 양복점, 음식점, 예식장, 학교, 향교, 서원, 도서관 등의 유산을 전승하고 있는 사람들을 직·간접적으로 만날 수 있다. 생활문화유산의 전승자들을 직접 만나서 대화하는 순간 타자의 존재적 삶을 만날 수 있는 가능성이 열린다. 학생들은 인생의 전환점을 갖는 경험을 할 수 있다. 예컨대 오래된 양복점을 운영하는 재단사님이 살아온 씨줄과 날줄의 삶의 이야기를 듣는 순간, 옷 만드는 기술을 지켜온 장인의 숨결, 삶에서 품어져 나오는 아우라 (aura)를 경험할 수 있는 것이다. 이러한 만남은 학생들을 한 단계 질적으로 성장시킬 수 있는 기회가 된다.

셋째, 지역의 문화재 및 생활문화유산은 학생들이 몸의 감각으로 직접 경험할 수 있는 의미 구성의 교육적 경험 자산으로 가치가 있다. 미디어 세대인 학생들은 실제 세계보다는 가상 세계에 익숙하다. 몸의 감각보다는 시각적 촉각을 자극하는 시각적 감각이 발달되어 있다. 순간순간 시각을 통한 정보에는 민감하지만 정보와 정보 사이를 부유하는 유랑자와 같다. 자신이 필요한 정보를 찾아서 끊임없이 클릭하는 구글링 세대인 학생들에게 필요한 것은 몸의 감각을 순전히 발달시키는 것이다. 학생들이 감각이 발달해야 나와 타자를 몸을 지닌 감각적 존재, 정서를 가진 존재로 느낄 수 있고, 이를 통해 도덕성이 발달할 수 있기 때문이다.

지역의 문화재 및 생활문화유산을 학생들이 감각을 통해 느낄 수 있는 유산들이다. 가령 오랜 시간 동안 맛을 지키고 있는 향토음식점을 방문하게 되면, 세대에 걸쳐서 전수된 맛을 감각적으로 느낄 수 있다. 감각은 생생한 기억이 되고, 그 기억은 무의식이 되어 긍정적인 경험으로 작용한다. 감각을 통한 경험은 기억으로 저장되고, 저장된 기억은 '나도 저분들처럼 잘 살고 싶다'는 삶의 동기로 치환되는 내적인 경험이 된다.

넷째, 지역의 문화재 및 생활문화유산은 미적인 체험이 가능한 유산[7]이기 때문에 가치가 있다. 학생들의 미적인 체험은 도덕성으로 통합된다. 미적인 경험학습(experiential learning)을 제시한 콜브

---

7) 최근 지역사회가 지향해야 하는 방향으로 포용도시라는 개념이 있다. 이는 지역사회 구성원이면 누구든지 경제적 수단, 성별, 민족, 종교 등에 상관없이 도시가 제공해야 할 사회적, 경제적, 정치적 기회들뿐만 아니라 문화적이고 미적인 것을 향유할 수 있는 장소가 되어야 한다는 의미이다.

(Kolb, 1984)는 미적인 경험이 인격적 삶의 동기로 치환됨을 강조한다. 지역의 문화재 및 일상문화유산은 그 자체가 미적인 가치가 담긴 유산이다. 신라 1000년의 역사를 지닌 경주기행 자체가 아름다움의 숭고함을 만날 수 있는 기회이다. 즉 경주기행을 하는 순간 경험하는 풀 한 포기, 문화재의 역사, 한숨의 볕, 문화제 주위에 살고 있는 평범한 사람들의 삶, 역사를 지닌 학교 전경 등은 그 자체가 미적인 경험이다. 이번 봄과 여름에 이루어진 경주신라석탑 기행은 경주의 아름다움이 참여자 모두에게 선물 같이 왔다. 신라석탑을 만든 장인뿐만 아니라 과거, 현재, 미래에도 지속되는 사람들과 함께하는 즐거움을 누리는 걸음걸음이 되었다.

지역의 문화재 및 생활문화유산을 활용한 기행의 방향

지역의 문화재 및 생활 문화유산을 활용한 기행을 하고자 할 때, 그 방향은 어떠해야 하는가? 우리가 기행을 기획한 경주 석탑은 경주의 지역사회 유산이면서, 국가 및 인류의 유산이다. 따라서 지역 문화 및 문화재 삶을 만나는 관점으로 해석해서 기행을 계획할 필요가 있다. 지역사회 문화재 및 생활 문화유산을 활용한 기행의 방향은 어떻게 설정해야 하는가?

첫째, 문화재 및 생활문화유산을 삶의 공간이자 인격적으로 성장을 가능하게 할 수 있는 내용으로 기행을 설계하고 진행한다.

문화재 및 생활문화유산과의 만남은 공간과 시간을 살아낸 역사의 흔적과 사람을 만나는 일이다. 기술과 자본의 가치로 점유된 실용적 가치에 익숙한 학생들이 잃어버린 공간을 회복하는 차원에서 기행을 활용한다.

> 인식 가능한 세계의 질적인 풍부함, 인간 존재의 개별성과 그들의 내면적 깊이, 그리고 희망, 사랑 두려움 따위는 보지 못한다. 또한 인간으로서 삶을 산다는 것이 어떤 것인지 등을 보지 못한다. 무엇보다 인간의 삶이라는 것이 신비롭고도 지극히 복잡한 어떤 것이라는 점, 그리고 그 복잡함을 표현하는 데 적합한 언어들과 사유의 능력을 통해 접근해야만 한다는 점을 보지 못하고 있다.[8]

공간의 잃어버림은 삶의 토대를 잃어버린 것과 같으므로, 공간의 회복과 삶의 의미의 연관 등이 가능하도록 기행을 설계하고 진행을 한다.

둘째, 학생들이 서사적 관점에서 문화재 및 생활문화유산을 경험하도록 기행을 하는 것이 좋다. 객관적인 정보나 지식으로서의 문화유산이 아닌 학생들이 현재 삶에서 생기를 줄 수 있는 살아있는 기행이 되어야 한다. 학생들이 경험과 연결되는 기행은 자신

---

8) 마사 누스바움, 박용준 역, 2013, 73, 장석주, 다산책방, 2017, p.194. 재인용.

의 정체성을 서사적 관점에서 구성할 수 있도록 하면 효과적이다.

리쾨르에 의하면 정체성을 형성하는 방법은 자체정체성(idem, sameness, gleichheit)과 자기 정체성(ipse, selfhood, Selbs-theit)의 방법이 있다. 전자는 동일시(同一視)로서 정체성을 형성하는 것으로 외부의 어떤 특정한 기준과 그 무엇을 동일시하는 것이다. 이에 비해 자기 정체성은 서사적 정체성으로 동일시가 아니라 시간과 공간 내에 위치한 변화와 역동성을 담지하고 있는 정체성이다. 서사적 정체성은 동일시가 아닌 이야기를 구성하는 자기가 어떤 관계를 맺고 있는지, 이야기하는 '나'는 무엇을 하고 있는지의 행위 주체가 이야기의 과정에서 형성 발전하는 정체성이다.

학생들이 자신들의 경험과 문화재 및 생활문화유산을 삶으로 의미를 연관시키려면 학생들의 현재적 삶의 반성과 성찰, 의미 추구를 구성하도록 교사가 도와주어야 한다. 이 경우 교사는 서사적 관점에서 학생들이 자신의 이야기를 구성하도록 정서적으로 따뜻한 질문을 하는 것이 필요하다.

셋째, 학생들이 문화재 및 생활문화유산에 갖고 있는 선입견, 고정관념을 넓히고 확장할 수 있도록 하는 기행을 진행한다. 왜냐하면 문화재 및 생활문화유산과 '나'와의 만남은 과거 지평에 있는 객관적인 텍스트로서 만나는 것이 아니라, 현재 지평을 견지하면서 삶의 맥락 내에서 의미를 발견하는 만남이 되어야하기 때문이다. 역사적 전승과 해석자인 학생들에게 삶의 의미를 통해 과거의 지평과 현재의 지평을 융합하는 계기를 제공해 주어야 한다.[9] 해석자인 학생들의 역사적 지평이 일어나려면 이해, 집중력, 개방성, 자기 배제 등의 자세가 필요하다. 지평융합이 일어나려면 학생들이 갖고 있는 선입관, 고정관념, 편견 등을 제거해야 하고, 이러한 태도가 있어야 만남이 가능하다. 이를 위해서는 교사들의 세심한 노력이 필요하다. 학생들이 길가에 핀 이름 모를 들꽃 하나에도 영겁의 순간, 생명, 우주를 만나고, 이를 통해 '나'를 만날 수 있도록 해야 한다.

넷째, 문화재 및 일상문화유산을 미적으로 체험할 수 있는 방향으로 기행을 준비하면 좋다. 학생들이 문화재 및 일상문화유산을 내 삶에 영향을 주고 있는 현존, 더 나아가 현재의 삶에 살아 숨 쉬는 것으로 느끼려면 정서적으로 공감해야 한다. 정서적인 공감은 문화재 및 생활문화유산을 미적인 것으로 경험하는 토대가 된다. 미적인 경험은 생활문화유산을 아름답다고 느끼는 것이고, 이는 정서와 연결되어야 한다.

다섯째, 학생들이 문화재 및 생활문화유산을 통해 진정한 사람을 만날 수 있어야 한다. 가령 신라 석탑을 만나는 경험은 석탑뿐만 아니라 그것을 만든 장인의 고통, 숙련의 세월, 장인이 되는 세

---

9) 그것은 다름 아닌 우리가 서 있는 전통(tradition)으로부터이다. 전통은 우리의 사고와 대립된 사고의 대상이 아니라 우리의 사고의 근거가 되는 관계구조, 즉 지평이다. 여기서 지평은 세계와 나의 변증법적인 상호과정이다(Heinrich Otto, Existentiale Interpertation und anonym e Christlichkeit, 1964, 92).

월을 견뎌온 인내 등을 내면으로 만나는 것이어야 한다. 한 사람을 만나는 일은 유의미한 타자(significant others)를 만나는 일이고, 그것이 '나'를 성숙시키는 힘이 되어야 한다.

미적인 체험 방법으로는 다양한 형태가 가능할 수 있다. 콜브가 제시한 경험학습도 효과적으로 활용할 수 있는 방법이다. 콜브는 지식은 획득되거나 전달되는 것이 아니라 계속적으로 창조되는 전환(transformation)의 과정이기 때문에 미적 경험이 중요하다고 한다(Kolb, 1984). 그는 미적인 경험학습의 단계를 다음과 같이 제시하고 있다. 먼저 구체적인 경험(concrete experience)의 기회를 제공하고, 감각적이고 정서적으로 몰입하는 과정을 통해 반성적 관찰(reflective observation)을 할 수 있도록 하며, 이후 구체적인 경험을 돌아보는 과정, 경험으로부터 얻은 것들을 상호 관련짓고 추상적 이론이나 개념과의 관계 즉 연결망을 이해할 수 있는 과정인 추상적 개념화(abstract conceptualization)를 진행하고, 학습한 이론과 개념들을 학습과정에 통합시키는 과정인 능동적 실험(active experimentation)[10]의 단계로 경험학습을 진행하면 효과적이라고 한다(조미영·권일남, 2011, 92). 콜브의 미적인 경험학습 방법은 기행의 과정에서 효과적으로 활용할 수 있다.

---

10) Kolb의 경험학습모델과 LSI의 학습(1984: 41)에 의하면 학습은 경험의 전환을 통해 지식이 창조되는 과정이고, 지식은 인식하는(grasping) 경험과 전환하는(transformimg) 경험의 결합으로부터 나온다고 한다.

여섯째, 학생들의 감각적 상상력을 촉발할 수 있는 기행을 하면 좋다. 감각적 상상력은 삶을 성찰하는 의미 연결하기 역할을 한다. 감각적 상상력은 학생들이 감각에 몰입할 수 있어야 가능하다. 감각적 상상력을 촉발하려면 시각적으로 보이는 외적인 대상인 문화재 및 생활문화유산을 새롭게 느끼고 상상할 수 있는 기행을 하는 것과 동시에 미적인 경험 이후에 경험한 것을 표현하는 활동이 포함되면 효과적이다(최기호, 2013.53).

문화재 및 생활문화유산 답사 기행이 학생들의 인격적 성장을 위한 교육적 기회임을 알고, 실천하는 많은 분들을 응원하면서 이 글을 맺습니다.

참고 문헌

교육부(2014), 「도덕 4 교사용지도서」, 서울: 천재교육.

김시범(2012), '지역 문화유산을 활용한 문화콘텐츠사업화 방향에 대한 담론'『인문콘텐츠』인문콘텐츠학회, 제27호. 171-180.

대안사회를 위한 일상생활연구소(2017), 「부산의 생활문화유산」 부산: 부산발전연구원.

마사 누스바움(2013), 「시적정의」, 박용준 역, 서울: 궁리.

장호수(2015), "창의 산업에서 문화유산의 가치와 활성화 방안" 「문화재」 국립문화재연구소, VOL 48. 82-95.

최기호(2013), "시각적 문해력의 발견적 개념으로서의 재인식: 시각문화 미술교육에의 시사점" 「미술과 교육」 한국국제미술교육학회, Vol.14 No.1. 43-71.

신라 석탑 기행
참가자들의 느낌

봄과 여름 경주 기행은 마파두부의 맛깔난 이야기와 참가자들의 배움, 선한 삶의 의지와 열정이 하모니를 이룬 경험이었습니다. 마파두부는 기행의 꽃이 '식사와 소감을 나누는 뒤풀이'임을 거듭 강조했습니다. 뒤풀이 참석자들도 동의했습니다. 다음은 뒤풀이에서 오간 정감 어린 이야기들입니다.

참석자들의 즐거운 환담 모습. 역시 답사의 꽃은 뒤풀이!(그런데, 치킨은 언제 나오지?)

○ 기행은 욕심을 버리는 일입니다. 학생들과 기행을 준비하고 기획할 때, 무엇보다도 놀이, 재미를 고려하는 것이 필요함을 느꼈습니다. 학생들이 기행에 참여한 이후, 기행을 했던 그곳에 관해서 "선생님, 그곳은 제가 얼마 전에 다녀온 곳이에요."라는 말을 하는 순간 학생들의 경험은 발현되고, 그 발현이 가치가 됩니다. 발현의 경험을 위해 기행을 하는지도 모릅니다.

○ 석탑 기행은 형이상학과 형이하학의 만남이 이루어지는 짜릿한 경험을 할 수 있습니다. 교과서에서 배우는 인지적인 지식만이 아니라, 인지와 정서가 통합되는 지혜가 기행입니다. 기행은 그곳을 발바닥으로 경험하는 순간 치료와 치유를 경험합니다. 그 순간 형이상학과 형이하학의 조화로운 만남이 이루어집니다.

○ 석탑 기행은 석탑 기행을 경험한 사람과 경험하지 못한 사람으로 구분될 수 있습니다. 경험한 사람은 누구도 누릴 수 없는 그 무엇을 온몸으로 느낍니다.

○ 석탑 기행은 교학상장(敎學相長)이 이루어지는 경험입니다. 기행을 준비하는 교사, 기행에 참여하는 학생들의 상호성은 배움으로 귀결됩니다. 가이드를 한 마파두부님, 참여자들 모두 상호성과 배움을 경험하는 기행이었습니다.

○ 석탑 기행은 이야기가 있습니다. 석탑 기행은 기행을 준비하는 이야기, 참여한 이야기, 참여한 이후 이야기가 넘쳐납니다. 기행은 연결과 관계, 꿈보다 해몽이 좋다는 속담이 적절한 표현임을 알게 합니다. 정겨운 이야기를 통해 서로의 감사함이 넘쳐나는 '기행의 꽃' 뒤풀이였습니다.